全身ジャーナリスト

田原総一朗
Tahara Soichiro

a pilot of wisdom

目次

第二章　ジャーナリストの心得――権力と金の誘惑、そしてタブーへの挑戦　67

墨塗り教科書、焼かれた御真影……
最後まで反戦を貫いたのは共産党だけ
共産党に対するシンパシーも崩れた
相手の言うことは簡単に信じない
ジャーナリズムにとって本質的な問い
泉房穂前明石市長にも「なぜ」攻め
ジャーナリストとは反骨の証明である
貧しさによるバイタリティと先天的な反骨
反薩長、反中央、反出世の心意気

【倉重メモ】田原批判の急先鋒・佐高信に訊く

第四章 不条理の世界に対峙する——右も左もぶっ飛ばすジャーナリストの誕生

影響を受けた森鷗外の「ドロップイン」

第五章　映像の過激派——テレビの限界を超えたドキュメンタリー——

第六章　テレビと民主主義
――よみがえれ、大衆ジャーナリズムの活力よ

第八章　田中角栄が踏んだ「虎の尾」――自立を志向する首相はアメリカに潰される

第九章　「モンスター」の誕生と転落
——テレポリティクスが僕を傲慢にした——

「モンスター田原総一朗」は虚像か実像か
時間制限なしの討論番組を作ったらどうか
真剣勝負で時代のニーズに応える番組を
三団体を呼んで部落問題を論じきる
テレビ朝日を潰す覚悟で出演していた面々
時代がメディアの受け皿を求めていた
政局の主力プレイヤーが全員出演
お茶の間に民主主義を持ち込んだ
海部俊樹の首を取るまで
宮澤喜一、橋本龍太郎をテレビが追い詰めた
「サンプロ」打ちきりの真相
佐高信による批判から激突対談へ

本文中の肩書きは当時のものです。

序章　僕はなぜジャーナリズムを疾走するのか

田原総一朗です。僕は二〇二四年四月一五日に九〇歳になった。僕の年まわりは、世の中一般で言えば、ここまで生きてきたことに感謝して、最晩年の余生を静かに送るべき時間ということになるのかもしれない。

でも僕は、まったくそういう気持ちになれない。それなりの仕事をしてきたという自負がないわけではないが、どうしても一丁上がりとは行けない。いまも朝から晩まで永田町や霞《かすみ》が関《せき》をせわしく歩き回り、多くの人たちと会い、議論し、論争し、発信する毎日を送っている。

田原流ジャーナリズムの濃密な日々

たとえば、二〇二三年四月の第二週、第三週はこんなスケジュールだった。

四月三日（月）朝八時起床。一〇時四〇分、新宿K's cinemaで小泉純一郎vs田原対談映画『放送不可能。』上映記念トークイベントを古賀茂明氏と。一五時、毎日新聞出版で編集者と打ち合わせ。一七時半、齋藤健《けん》法相と議員会館で面談。二四時就寝。

四日（火）朝八時起床。一〇時四〇分、新宿K's cinemaで『放送不可能。』上映記念トークイベントの二日目を下村満子氏と。一七時、BS朝日番組打ち合わせ。二三時半就寝。

五日（水）朝八時起床。一四時、伊勢崎賢治氏らとウクライナ戦争停戦を求める会見。一五時、「朝まで生テレビ!」（テレビ朝日、「朝生」）打ち合わせ。夕食後、『週刊朝日』原稿執筆。二四時就寝。

六日（木）朝八時起床。一一時、「田原カフェ」の次回ゲスト濱井正吾氏と打ち合わせ。一三時半、官邸で総理秘書官の嶋田 隆《たかし》氏と面談。一六時、自民党本部で二階俊博氏と面談。一七時、BS朝日番組打ち合わせ。一八時半、小泉純一郎氏、中川秀直氏と会食。二四時就寝。

七日（金）朝八時起床。一四時、『潮《うしお》』で細谷《ほそや》雄一氏と対談。一六時、『サンデー毎日』で倉重篤郎《あつろう》氏とともに田岡俊次《しゅんじ》氏と鼎談《ていだん》。二四時就寝。

八日（土）朝八時起床。一六時、テレ朝アーク放送センター入り。一七時、BS朝日「激論!クロスファイア」収録。二三時半就寝。

九日（日）朝八時半起床。一四時、元『話の特集』編集長・矢崎泰久氏を偲《しの》ぶ会に出席。夕食後、『読書人』原稿執筆。二四時就寝。

一〇日（月）朝八時起床。一一時、番組スポンサーのタクミ商事に挨拶。一四時、日経BP

インタビュー。一六時、『現代ビジネス』で島田裕巳《ひろみ》氏と対談。二四時就寝。

一一日（火）朝八時起床。一〇時半、僧侶池口恵観《えかん》氏と面談。一一時半、順天堂医院で定期検診。一五時、文藝春秋で打ち合わせ。一七時、BS朝日打ち合わせ。一八時半、喫茶「ぷらんたん」で「田原カフェ」、ゲスト濱井正吾氏。二四時就寝。

一二日（水）朝八時起床。一五時、「朝まで生テレビ！」打ち合わせ。夕食後、『週刊朝日』原稿執筆。二四時就寝。

一三日（木）朝八時起床。一一時四五分、東京都副知事宮坂学《まなぶ》氏、スローニュース代表瀬尾傑《まさる》氏とランチ。一四時、下重暁子《しもじゅうあきこ》氏との対談を文藝春秋で。一七時、BS朝日打ち合わせ。二三時半就寝。

一四日（金）朝八時起床。一一時半、小林クリニックで定期検診。一四時、『リベラルタイム』インタビュー。一六時、朝日新聞社で打ち合わせ。一八時、デート。二四時半就寝。

一五日（土）朝八時起床。一四時、テレ朝アーク放送センター入り、一五時、BS朝日「激論！クロスファイア」収録。一八時、八九歳誕生会。二四時半就寝。

一六日（日）朝八時起床。一五時、早稲田大隈塾《おおくまじゅく》OB一〇〇人と誕生会。二四時就寝。

死の瞬間まで時代の変化と向き合いたい

これだけ動き回っても、僕はまだまだやり足りない。知りたいこと、訊《き》きたいこと、勉強したいこと、表現したいこと、伝えたいことでいっぱいなのだ。この気持ちをわかってもらうには、僕のジャーナリストとしての軌跡をたどる必要があると思う。

僕は本当は作家になりたかった。大学時代には、一生懸命小説を書いてはさまざまな賞に応募したが、ものにならなかった。仲間からは、お前は才能がないから早くやめた方が得策だと言われた。それでも小説を書くことを諦めきれず、やめられなかったのだが、さすがに同世代の石原慎太郎と大江健三郎という天才が彗星《すいせい》のごとく登場し、のちに芥川賞を取る彼らの作品を読むに及んで、これはとてもかなわないと踏んぎりがついた。それで僕は、文学の道を諦めることができた。

それからはジャーナリストを目指し、その道だけを七〇年近く走り続けてきた。テレビディレクターとして数多《あまた》のドキュメンタリーを作り、書き手として二〇〇冊以上の本を書き、「朝まで生テレビ！」や「サンデープロジェクト」（テレビ朝日、「サンプロ」）の司会、コーディネーターとして永田町を動かすニュースを発信し続け、この二〇年は歴代首相に対して、ジャーナリストとして感じたことを衷心から意見具申する役割を演じてきた。

世の基準からすれば、特にジャーナリストの世界で言えば、よくぞここまでおやりになりましたね、成功されましたね、ここまでされたのなら後は悠々自適に暮らしてはいかがですか、というところかもしれない。実際に僕に向かってそういうことを言ってくれる人もいる。

もちろん、そうじゃない見方があることも承知している。田原はいい年していつまでテレビで偉そうにしているんだとか、田原はもうボケた、老害以外の何物でもない、そろそろ次世代に譲って、立つ鳥跡を濁さずとすべきではないか、といった厳しい声も耳に入ってくる。

ただ、僕はいずれの人たちに対しても、「ノー」と言わせてもらいたい。

僕にとってジャーナリズムとは、終わりのない仕事なのだ。時代とともに歩み、時代の変化を敏感に感じ取り、それがどこから来るものなのか、どういう方向に変化していくのかを、真摯に、執拗《しつよう》に、追い続けることだ。時代の変化は途切れることがない。そうである限り、ジャーナリストは死の瞬間までそれに付き合っていくべきだと思っている。老いて衰えた僕でないと見えない時代の姿というのもあるはずなのだ。

僕にはジャーナリストとして守るべき三つの原則、追求すべき理想がある。

一つは、日本に二度と戦争を起こさせないこと。

二つは、言論の自由を守り抜くこと。

三つは、野党をもっと強くして日本の民主主義を強靭《きょうじん》にすること。

社会を映す「鏡」を常に作り変える

いまウクライナ戦争があり、ガザ危機があり、米中間の対立激化から台湾有事が懸念されている。「新しい戦前」とも呼ばれるこの時代のこの国で、僕ら戦争の惨劇を知るジャーナリストが声を上げなくてどうするんだという気持ちがある。また、安倍晋三政権時代の放送法四条「政治的公平」の解釈変更、つまり「反政府的な番組は取り締まる」という方針が力を持ちつつある現状を見ても、言論に対するジャーナリズムの責任はますます重くなっている。

民主主義というものが、政権交代によって活性化されるものであるなら、いまの野党の弱体化は、政治自体を損ねるような、ある意味での危機的状況を招来している。そういう日本の現在と、ジャーナリストとしての原点からして、いま僕は「はい、引退します」と言うような状況には、まったくない。

田原総一朗というジャーナリストは、時代を映す一つの「鏡」だと思っている。時代のある面を切り取り、そこから社会の全体像を俯瞰《ふかん》して映し出す。それによって、いまの混迷の核心、事の本質が一体どこにあるのかを見極め、徹底的に斬り込んでいく。

僕の場合は、これまで人々がオープンにすることを避けてきた、いわゆるタブーとされる領域に、その鏡を積極的に持ち込んできたつもりだ。

東京12チャンネル（現在のテレビ東京）時代にディレクターとして作った「ドキュメンタリー青春」がそうだったし、書き手として数々の弾圧を押し返しながら『原子力戦争』（筑摩書房、一九七六年）や『電通』（朝日新聞社、一九八一年）を書いた時もそうだった。

もう三七年間も続けている「朝生」は、時代の抱える問題について、どういう見方、意見、解決策があるのか、それを多彩な人たちの論争によって映し出そうとする「鏡」だったし、政局をも動かすことになった「サンデープロジェクト」は、永田町の生々しい権力闘争をスタジオの「鏡」に映し出すことによって、政治のあるがままの姿、その深層のありようをお茶の間に届けようとする試みだった。

僕は、ジャーナリストとして、時代によってその「鏡」の形や角度を作り変えてきた。ある時は映像に徹底的にこだわった。ある時は活字がどこまで「鏡」の役割を果たせるか、さまざまなトライアンドエラーを繰り返してきた。そしてこの四半世紀は、テレビと活字をツイン・ターボとした立体的な「鏡」によって、世の中の陰影を活写し続けてきたつもりだ。

さらには、ＩＴの進歩でＳＮＳ、YouTubeなどのメディアが出てきても、僕はそれらとシンクロして自分の「鏡」を広げてきた。ChatGPT の画期的な意義と可能性については、人工知能研究の最先端を行く東京大学の松尾豊《ゆたか》教授にさまざまな示唆を受けたりもした。

メディアの最先端を走る俊英たちに教えを乞うて、どうすれば時代状況をより広範に捉える「鏡」となれるか、試行してきたのだ。

エネルギーの源泉は「好奇心」

「2ちゃんねる」の元管理人・西村博之とも対談したし、いまやロケット開発にまで手を出しているホリエモンこと堀江貴文には、証券取引法違反で収監されていた刑務所にまで会いにいった。「あいちトリエンナーレ」で芸術監督を務めて大炎上した津田大介とも「なぜ日本人は空気を読んで失敗するのか」というテーマで大激論した。

自分でもツイッター（現在のX）での発信を始めたし、YouTube で「田原総一朗チャンネル」も起《た》ち上げ、時事問題からプライベートな生活の姿まで、発信している。

意外にも、僕が朝、目玉焼きを作っている映像にアクセス数が多かった。もちろん、手伝ってくれる人がいるからできるのだが、生のままの僕自身を「鏡」の中に映し込むことによって、ジャーナリストとしての裸の実像も見てもらえるようになった。新しいメディアの恩恵をもらっている感じがする。

時代とともに、あるいはメディアの進化とともに、時代を映す田原総一朗の「鏡」も変化し進化してきた。時代を追いかけ、何とか追いつこうとしてきた。僕はその自負だけはある。それを最後まで進化させつつ時代を切り取っていきたい。七〇年近くやってきたその仕事を最後まで貫徹したい。

幸いなことにジャーナリズムのエネルギーの源泉である僕の「好奇心」は、まだまだ泉のごとく湧いてくる。若い人からも不思議がられるのだが、これだけは衰えを知らない。

新しいものが出てくると、ふつふつと興味が湧いてくる。なぜ、それが生まれたのか、今後どうなるのか、古いものとどんな葛藤が起きるのか、といった疑問が次々に出てくる。どうしても関係者に会って直接質《ただ》したくなる。いまの僕には、多くの方々が直接会ってくれ、僕は話を聞ける。そのチャンスをジャーナリストとして逃す手はない。

僕は、サムエル・ウルマンの有名な詩「青春」を思い出すことがある。

青春とは人生のある期間ではなく、
心の持ちかたを言う。

薔薇《バラ》の面差し、紅の唇、しなやかな手足ではなく、
たくましい意志、ゆたかな想像力、炎《も》える情熱をさす。
（中略）
六〇歳であろうと一六歳であろうと人の胸には、
驚異に魅《ひ》かれる心、おさな児《ご》のような未知への探究心、
人生への興味の歓喜がある。
（中略）
二〇歳であろうと人は老いる。
頭《こうべ》を高く上げ希望の波をとらえる限り、
八〇歳であろうと人は青春にして已《や》む。
（サムエル・ウルマン著、作山宗久訳『青春とは、心の若さである。』ティビーエス・ブリタニカ、一九八九年）

九〇歳の一線ジャーナリストである僕の心境をあますところなく代弁してくれているような気がしてくる。

確かに、いまの僕にはかつてのような冴《さ》えがなくなっているかもしれない。滑舌が悪くなっていることも認める。話も繰り返しが多くなったとよく指摘される。

それでも僕は日々現場に出て、新しい人と会い、新しい話を聞きたい。出会いのなかで僕も刺激を受け、さらに新たな思考ができるようになるのだ。老害、老醜と言われようとも、走って走って、時代を走り抜けたい。

ここまで七〇年近く疾走してきて、ジャーナリストの世界が、いかに深く広がりのある世界なのか、僕は僕なりに体で会得していると思う。そこに、いまを映したい。

さらに豊かに生き直すために

正直言って、あと何年生きられるかわからない。過去に病気もしているし、それほど頑健な体でもない。ただ僕は、最後の一呼吸をする時に、ジャーナリストとしてやってきたことを後悔したくない。昨日より今日の方がいい仕事ができた、明日はもっと面白いことに出会うかもしれないと、最後まで信じて死にたい。

『全身ジャーナリスト』という本書のタイトルはいささか面はゆい。果たしてそこまでの仕事をなし得たのだろうか、と。ただ、僕の人生と、いま現在の生き方を振り返ると、この仕事以外のことにはほとんど興味を持てず、何もしてこなかったという意味では、的確なタイトルなのかもしれない。

僕の家にあるのは、仕事に関わる本や資料の山だけだ。酒も飲まず、ギャンブルも女遊びも一切しない。すべてをジャーナリズムという仕事に投入してきたことだけは事実だ。

「朝生」の放送中に出演したまま死にたいと言ったことがあるが、それは掛け値なしの本音だ。なんやかんや議論が弾んで、盛り上がっている最中、いつの間にか田原が静かになっていた、よく見たら呼吸していなかった——最後まで一線での仕事を続けることを目指したジャーナリストとして、こんな素晴らしい死に方はないと思っている。

僕はこれまでも自伝的な本や、人生についての対談集などを出してきた。なかでも『塀の上を走れ　田原総一朗自伝』(講談社、二〇一二年)は、僕が全力で書き下ろしたものだ。

あれから十余年。どうしてもまた自伝的なメッセージを書き残したくなった。現場を走り抜く僕のこの取材の日々が、未来永劫《えいごう》続くわけではない。

この一〇年で僕が新たに経験し考えたこと、僕が日本の戦後とほぼ並行して七〇年近くジャーナリスト活動をした結果培ってきたこと、急速に姿を変えつつある日本と世界に僕が感じること……それらをきちんと形にして残すことが次世代への使命ではないかと思えてきた。

先ほどウクライナ戦争、ガザ危機、台湾有事に触れたが、国内に目を転じても、裏金問題や数々の不祥事が重なって自民党は揺れに揺れ、国民の政治不信は深まるばかりだ。そして、このような危機こそ、ジャーナリズムの出番だと僕は考えている。

この本では、これまでとは少しばかり色合いを変え、僕がジャーナリストとしてどう生きたかを主軸にして、僕の人生を編み直してみたいと思う。これまで語れなかったことにも、あえて触れるつもりだ。僕の最後のオーラルヒストリーと言っていいだろう。

構成は、毎日新聞客員編集委員の倉重篤郎に頼んだ。倉重には、彼が連載している『サンデー毎日』のインタビュー論考に何度も登場させてもらっている。彼とともに何人もの時代の重要人物に取材をした。ここ数年の付き合いだが、最晩年の僕の大事な仕事仲間であり、僕のことを深く理解してくれていると思っている。

各章の終わりには、僕と付き合いのある人たちからのコメントを、倉重がまとめてくれている。僕の言い分だけでは終わらせない立体構造になっているのだ。本書によって、僕は僕の人生を、さらに豊かに生き直そうと思っている。読者の皆さんに、時代を見抜くヒントや、いまを生きるうえでの刺激を与えられたなら、こんなに嬉《うれ》しいことはない。

【倉重メモ】田原総一朗の強みとは何か？

九〇歳の田原総一朗をどう描くか。難しい仕事を引き受けてしまったものである。

私は一九五三年生まれ。田原より二回り近く若い。そんな人間に田原の全体像が捉えられるだろうか。

そもそも田原とはほとんど縁がなかった。私も政治記者として、中曽根政権以降、永田町を取材してきた身だが、田原のようにサシで歴代首相とまみえることもなく、また、田原が活躍したテレビ業界との接点もなく、この稀代《きだい》のテレビジャーナリストの奮闘ぶりを遠目に眺めていただけであった。

今回田原を間近でウォッチして、驚くことが多かった。

普通であればテレビマンの大御所として引退、隠居生活を楽しんでいる年齢であろう。ところが、この人物はそんな生活には目も向けない。なお永田町を、政治家から政治家へと駆けずり回る毎日だ。

昨日は、二階俊博と電撃訪中の打ち合わせをしていた、と思うと、今日は、岸田文雄首相を官邸に訪れ、日本経済の活性化について助言している。明日は、野党党首に対し、政権交代するためには何が必要か、進言していることだろう。

現役政治ジャーナリストのなかで、その行動範囲、取材力は突出している。「総理動静」ではないが、田原動静を付けたらどうなるか？ そんな興味が湧いた。

日本政治のキーパーソンたちを縦横無尽につなぐそのネットワークは、他の中堅、ベテラン政治記者たちの追随を許さない地平にまで田原を引き上げている。

それだけではない。その発信力も、とても九〇歳の老人とは思えぬ。テレビでは毎週日曜日に「激論！クロスファイア」に出演、超ロングラン番組「朝まで生テレビ！」（毎月最終金曜日）もなお続いている。ダイヤモンド・オンライン、日経ビジネス、現代ビジネスでのネット配信のみならず、『週刊朝日』（二〇二三年五月で休刊）の連載コラムをこなし、『サンデー毎日』でも常連論客として登場する。著書も多数。一体いつ書いているのかというほど頻繁に本を出している。

なぜ田原は、そこまで激しく走り続けるのか？ どこに向かって走っているのか？ 一体いつまで走り続けるつもりなのか？

その三つの問いを田原にぶつけたことがある。

田原曰《いわ》く。

「軍国少年だった僕のジャーナリストとしての原点はいかに戦争を起こさないか、平和を維持するかにある。それが危ういうちは走り続ける」

また曰く。

「かつて、僕は権力を批判し、政権を倒すことをジャーナリストの仕事だと思っていた。実際、僕の追及がきっかけになって海部《かいふ》俊樹、宮澤喜一《きいち》、橋本龍太郎の三政権が崩壊した。僕はそこで反省した。それだけでは日本のためにならない。そこから僕は変わった。むしろ、政権にきちんとした仕事をさせたい。ただ、政権批判から擁護に転換したわけではない。日本のためにいい仕事をしてもらいたいのだ」

さらに曰く。

「いつまで走るかって？　僕の理想は、『朝まで生テレビ！』の放送中に命果てることだ。それが不可能だとは思わない」

他のジャーナリストにはない田原の強みとは何か？

好奇心の赴くまま、そしてニュース性が高いと判断したものに対しては、どこにでも突っ込んでいくところだろう。田原に、原則タブーはない。

田中角栄以来ほとんどの歴代首相をその現役中にサシで取材したことのある、唯一のジャーナリストでもある。不思議なことに、歴代首相の誰もが田原を受け入れた。田原と会うことを嫌がらず、その説法に耳を傾けた。なぜか。田原のメディアを握る者としての発信力を評価したのか、恐れたのかはわからない。ただ、二階俊博が田原についてこう言ったのは覚えている。

「田原さんはお上手を言わないから信頼できる」

もちろん、田原に対する批判もある。テレビ媒体を使って政治家に食い込んでいく手法を「テレビ芸者」と叩《たた》かれたこともあったし、「ボケ」「老害」扱いされることもある。ただし、である。そんな風評を一顧だにしないのも田原の強みである。人生のすべてをジャーナリスト活動に注いでいる。毎日、行けるところまで全力で走り抜く。いつ突然終わりになってもかまわない。それを覚悟のうえでの疾走だ。

第一章　非戦の流儀

——なぜ「日本の主体性」が僕のライフワークなのか

僕は、面白いものには目がない。僕の感覚を刺激してくれるものをずっと追ってきた。その関心範囲はとても広い。ある人が僕の著作を分類してくれた。これまで僕が扱ったテーマは、日本政治、外交安保、国際政治、歴史、経済、原発・エネルギー・電通、官僚、検察、宗教・創価学会、左翼、風俗、メディア、健康・生命・科学と相当多岐にわたっていることがわかった。いま振り返ってみても、それぞれの時に自分の関心の方向性に任せて、実にいろんなことを追いかけてきたと思う。

ただ、やはり事の軽重はあり、いろいろなものを追いかける過程で、僕のなかで「ライフワーク」として煮詰まってきたものがある。それがこれから述べる「日米安保体制における日本の主体性」というテーマだ。この章では、僕のジャーナリストとしての「ライフワーク」について語りたい。それは、なぜ僕が「日米安保における日本の主体性」という問題を追い続けてきたか、そして、なおこの問題を深化させようとしているか、ということだ。そこにはジャーナリストとしての僕の原点と現在が刻まれているはずだし、現代日本の最大の課題が凝縮していると思うのだ。

「日米安保における日本の主体性」とは何か

この一〇年間で最も激しく変化したものが、日本の東アジアにおける安全保障環境だ。中国の顕著な台頭と、米国の相対的後退が、一種の力の空白をもたらし、覇権交代期には戦争の可能性が高まるという「トゥキディデスの罠《わな》」的情勢が一気に現出してきた。古くは軍事的覇権を握るスパルタがアテネの台頭に追い上げられ、近代でも第一次世界大戦前に七つの海を制覇していた大英帝国が新興国・ドイツに突き上げられ、いずれも大戦争に発展した。

そういう安保環境の激変に日本の政治はどう対処するのか。それがここ一〇年の最大のテーマとなった。戦後日本が形を変えながらも一貫して守ってきた、吉田茂以来の「軽武装、経済重視」路線を従来通り固守するのか、それとも修正していくのか、それが問われてきた。

安倍晋三政権がそれを修正した。戦後、憲法九条との関係でできないとしてきた集団的自衛権の行使を解禁し、米国を守るために日本は海外でも武力行使ができる法体系に変更した。二〇一五年のことだ。日本の世論は二つに割れた。六〇年安保の時のようにそれに反対する運動が巻き起こり、国会はデモと集会に囲まれた。朝日新聞、毎日新聞というリベラル系のメディアは大反対キャンペーンを展開した。

だけど、僕は賛成に回った。安倍ともこの問題を徹底的に議論して、賛成する方が日米安保における日本の主体性を高める道だと考えた。リベラル陣営からは猛烈な批判を受けた。それまでは、人権や言論やさまざまな社会的不公正については、朝日、毎日の路線とほぼ共同歩調を取ってきただけに、僕のジャーナリストとしての歩みのなかでも特記すべき大きな決断だったと思う。

なぜ、僕がそういう決断に至ったのか。そもそも「日米安保における日本の主体性」とは何か、なぜそれが重要なのか。

まず言わなければならないのは、このテーマは、この一〇年の変化にもかかわらず、僕のなかでずっとくすぶり続けてきたものだったということだ。

僕は軍国少年として敗戦を迎えた。かつての敵アメリカが一夜にして日本民主主義の庇護者《ひごしゃ》になり、僕を含めた日本人は、戦後は一貫してその懐のなかで生き、米ソ冷戦終結、さらに米中対決が深刻化するなかで、対米依存を強めていく、という戦後史を歩んできた。「日米安保における日本の主体性」こそが日本政治の中枢課題であるという問題意識はずっと持っていたのだ。

政治の最大の課題は、国民の生命と財産を守ることであるのは言うまでもない。であるならば、外交・安全保障政策こそが、政治の肝中の肝ということになる。その最も重要な政策を他国である、かつては敵国であった米国におんぶに抱っこしてきたことの意味は一体何なのか。国家としての主体性を持てなかったのはなぜなのか。歴代首相たちはそれをどう判断してきたのか。僕がジャーナリストとしての活動領域を政治の分野に広げるにつれ、どうしてもそれが気になって仕方なくなったわけだ。

変に主体性を持ち過ぎた結果の戦争

戦後安保史をおさらいしておこう。

日本の戦後政治は、一九四六年に公布された日本国憲法と、五四年に創設された自衛隊という組織の根本的な論理矛盾から始まる。憲法九条二項では日本は戦力を持たない、陸海空三軍その他の戦力は保持しない、交戦権はこれを認めない、と高らかに謳《うた》っているのに、自衛隊はどう見ても戦力であり、交戦力を行使できる組織である。

自衛隊が発足して一年後には保守合同で自由民主党ができる。当然のことながら、この矛盾を解消するために、歴代首相は自らの政権が取り組む優先課題として、憲法改正を挙げた。鳩《はと》山《やま》一郎然《しか》り、岸信介《のぶすけ》然りだ。ところが、その後の池田勇人《はやと》以後の首相は、誰も憲法改正を言わなくなった。

池田の後の佐藤栄作長期政権でもそうだった。僕にはそれが不思議でたまらなかった。確か一九七一年のことだ。佐藤政権末期、沖縄返還協定締結が大詰めを迎えていた時に、当時、自民党の頭脳派で、ハト派の代表的な人物でもあった宮澤喜一に会って、話を聞く機会があった。

この頃の僕はまだ若かった。宮澤に向かって、「憲法九条と自衛隊の矛盾について、池田も佐藤も何も言わない。結果的に国民を騙《だま》している。こんな首相は辞めるべきではないんですか」と挑発した。だが、その時の宮澤の説明に僕はすっかり感動して、それで宮澤ファンになってしまった。

宮澤は何と言ったかというと、「田原さん、日本人というのは自分の体に合った服を作るのが下手だ。自分の体に合った服を作ろうとして、結局負けるに決まっている戦争にまで行っちゃった」と。

それはどういうことか。

大正から昭和にかけての帝国主義時代、欧州の先進国や米国が世界中を植民地にしようとした。東アジアではタイ以外全部植民地になった。日本は、明治維新でいち早く国力を増強したものだから植民地化されることは回避できた。むしろ植民地化されたアジア各国を独立させ、開国させるのが日本のミッションだという聖戦論に傾いていった。大東亜共栄圏構想がそこで生まれる。

だが、そういった正義の戦争を敢行するためには、米国や欧州先進国に太刀打ちできる軍事力を持たなければいけない。だから、どんどん軍事大国になっていく。軍部が発言力を増し、国を動かすようになる。それに反対する政治家は軍に殺される。五・一五事件、二・二六事件がそれだ。と同時に米欧列強に伍《ご》して自らも植民地を持とうとし始めた。これが満州事変だ。

そこから日中戦争、太平洋戦争へと軍事力行使に歯止めがかからなくなって、ついには本土空襲、沖縄戦、広島、長崎への原爆投下という国家破綻への道を歩むことになる。一言で言えば、国家として軍事力のコントロールに失敗した歴史だったと言えるだろう。

それを身に染みて知っている戦争世代は、ある一つの感想を抱くことになる。つまり、あの戦争の失敗は、日本が軍事力において、主体性の統治（ガバナンス）に失敗した、もっとわかりやすく言えば、変に主体性を持ち過ぎた結果の戦争だったのではないか。だからこそ、五・一五事件、二・二六事件という軍部強硬派によるテロ事件で民主主義が封殺され、その兵站線《へいたんせん》は身の丈を超えた、いまでは信じられない地域にまで展開されてしまったのではないか。

専守防衛とは米国の抑止力に期待することだと中曽根は言った

宮澤はこうも言った。

「だけど日本人は他国の押しつけた服に自分の体を合わせる方が上手だ」

これは軽い比喩ではあるが、戦後日本のありようの本質を看破していると思う。軍事力では主体性なんか持たない方がいい。主体性を捨てて、米国に守ってもらい、その代わり日本は全神経を、全エネルギーを、経済に向けよう。そこで高度経済成長が実現する。安保では対米従属するが、その代わりにアジア一の経済大国になる。単純化すれば、これが、吉田茂が始め、池田勇人以後踏襲された路線だ。もちろん、吉田の時代には闇市焼け跡のなかから日本経済を復興することが最優先されたし、軍隊に対する国民の拒否感はいまからは想像できないくらい強かったことも事実だ。

宮澤の服の喩《たと》えで言うと、戦前の日本は主体性を持って大日本帝国憲法の統帥権下での軍拡的な服を作った結果、亡国の淵《ふち》まで沈んだが、戦後の日本は主体性を捨て、米国があつらえた憲法九条、日米安保体制下での軍備抑制的な服を上手に着こなし、平和経済大国を作り上げた、ということになる。

僕は率直に言って、この宮澤説になるほどと膝を打った。戦前の教訓から安保を捨て、経済に集中する。平和立国として合理的、かつしたたかな生き方ではないかと。世界一の軍事大国である米国をある意味番犬として使いこなすわけだ。一種の国家戦略と言えなくもない。それがあの焼け跡からこれだけ急速にアジア第一の経済大国を作り上げてきた秘訣《ひけつ》であったということだ。

そういった戦後の成功があっただけに、佐藤以降の首相たちも、池田、佐藤を見習い、軍事的主体性を戦略的に棚上げしてきた。

若い頃から憲法改正、自主防衛を主張してきた中曽根康弘にしても、首相になってからは基本的には、この池田・佐藤路線を墨守した。

中曽根が首相の時に大論争したことがある。専守防衛とは何かについて訊いた。もともと「専守防衛」というワーディングは、中曽根が防衛庁長官時代に『防衛白書』が初刊（一九七〇年）され、そこに記載されたものだった。僕は中曽根にこう斬り込んだ。

「あなたは専守防衛と言うが、それは本土決戦ということではないか。第二次大戦末期に硫黄《いおう》島《とう》、沖縄が相次いで占領され、軍が本土決戦を主張したが、一〇〇〇万人以上の死者が出ることが予想され、それを避けるために鈴木貫太郎首相がポツダム宣言を受諾したという経緯がある。鈴木貫太郎ですら避けた本土決戦を、専守防衛という名の下であなたはやろうとしているのか」

これに対する中曽根の言葉が忘れられない。

「田原さん。大きな声では言えないが、専守防衛というのは、戦わないことなんです。米国の抑止力に期待するということだ」

当時、軍事偏重と批判され、好戦的とみなされていた中曽根ですら、そうだった。

片務条約では日米同盟を持続できない

吉田茂が始めた安保政策の対米依存による軽武装・経済重視路線は、鳩山一郎、岸信介の時代には憲法と自衛隊の矛盾を正して日本の主体性を回復させようという動きがあったものの、池田、佐藤以降は再び主体性を考えずに先送りするという志向に戻り、その後も宮澤理論に支えられて継続してきたことになる。

ただ、終戦から四六年。一九九一年の米ソ冷戦終結で、日本の安保政策は大きな変質を迫られた。

日本に二つの意見が出た。一つはソ連という強敵がいなくなったから日本は主体性を回復し対米自立すべきだという意見だ。これに対して、むしろ今後は米国に見捨てられる可能性があるから、米国との関係をもっと強化すべきだという議論も出てきた。

前者の意見は少数派だった。親中派だった後藤田正晴が、共通の敵であるソ連が崩壊した以上、軍事同盟を維持する根拠はなくなったわけだから、日米安保条約を一度解消し、対中国と同じような平和友好条約に切り替えたらどうかなどと発言したが、広がりのある議論にはならなかった。むしろ、後者の意見が自民党内でも、霞が関でも圧倒的に強かったと言えるだろう。

僕に関わる話で言えば、こんなことがあった。

小泉純一郎政権の時だ。

岡崎久彦と北岡伸一が僕のところに来て、こういうやりとりをした。岡崎は元外務官僚、北岡は政治学者、二人とも米国との同盟強化派の論客だった。

「田原さん、困ったことになった」

「何だ」

「米ソ冷戦が終わった」

「冷戦が終わったのはいいことじゃないか」

「それはそうなんだが、東西冷戦の時は日本は西側の橋頭堡《きょうとうほ》だった。米国は日本を守る責任があった。だから、岸信介政権で改定した安保条約は、日本が攻められたら米国は日本を守るが、米国が攻められたら日本は何もしないという片務条約でよかった。ところが、冷戦が終わり、米国が、西側の橋頭堡を守る責任がなくなった。だから、岸の時の安保条約、つまり片務条約では日米同盟を持続できない。米国の新たな主張は、片務から双務に変えるべきだ、米国がやられたら、日本も戦う、そうしないと日米同盟が持続できなくなるということだ。たぶん、双務にしろと言ったら日本中が反対だろう。だが、日米同盟が持続できないと日本の安全保障の根本が崩れる」

パックス・アメリカーナ以降の安全保障

双務性を持たせるということは、集団的自衛権行使の解禁を意味した。歴代政権は憲法九条の縛りから、個別的自衛権の行使は合憲とするものの、他国のために戦争をすること、つまり集団的自衛権の行使はできないものと国会答弁してきた。これを変えろということになる。戦後日本の安保政策を根本的に転換することになる話だ。

当時、僕は小泉官邸に出入りしていた。岡崎と北岡は、その僕に、小泉に話をつないでくれということだった。僕は本人に訊いたが、小泉の答えは、安保政策の大転換について「ノー」

だった。自分の政権ではやるつもりがないとはっきりしていた。

すでに小泉政権では、ブッシュ・ジュニアのアフガン・イラク戦争を受けて特別措置法を作り、自衛隊に海上給油活動をさせたり、イラク国内に一時駐留させたりするなど、従来の枠を超えた海外展開をしており、対米協力は十分やったという気持ちもあったのだろう。郵政民営化で政権としての力を使い果たしていたこともあったかもしれない。

安倍も、『安倍晋三　回顧録』（中央公論新社、二〇二三年）で言っている。この問題について、小泉に対し郵政民営化関連法成立後に「残り任期一年でやりましょう」と進言したら、「君の時にやれよ」と突き返された、と。僕の記憶と一緒だ。

小泉、ブッシュ・ジュニアの相性のよさもあり、日米関係は順調だったから、何もそこまでしなくても、米国の日本離れ、アジア離れを心配することもなかった。

だが、その後また米国の様子が変わってくる。

リーマン・ショックを引き金に米国経済が急速に悪化した。アフガン・イラク戦争の後遺症にも翻弄される。オバマが、米国は世界の警察官であることをやめたと言い、トランプは世界のことなどどうでもいい、アメリカ・ファーストだと言い始める。

つまり、第一次・第二次大戦以後、世界で一番強く、一番豊かな国であった米国は、それゆえにパックス・アメリカーナ（アメリカによる平和）という使命を持っていたが、その意思と余裕がなくなってきた。オバマ、トランプがそれぞれに違う立場からそのミッションの事実上の放棄を宣言してしまった。となると、日本は米国に安全保障を委ねるわけにいかなくなる。じゃあ、どうすればいいか。これがいまに続く日米安保の主体性問題となってきた。

小泉政権時代に提起されていた集団的自衛権行使容認問題は、その後、第一次安倍晋三、福田康夫、麻生《あそう》太郎の一年交代政権ではとても手が付けられなかった。民主党政権の三年強では、なおさらだ。そういう問題意識が入り込む余地がなかった。そして、第二次安倍晋三長期政権となった。

先述の『安倍晋三　回顧録』にもあったが、安倍は、小泉政権時代からこの問題を意識しており、自分の政権で応えようという腹があった。冷戦終結から二〇年経過、オバマ、トランプの姿勢もさることながら、中国が新たな覇権国としてアジア太平洋地域に着々と軍事的拡張を図っていることに対し、「日本会議」など右派勢力をバックにした自分の政権で何とかしなければいけない、これは自分にしかできないという気負いというか責任感のようなものがあった。

一九六〇年に安保改定を成し遂げた岸信介の孫としての使命感、そして野心も間違いなくあった。二度目の政権ということで、物事を時間をかけて戦略的にこなすノウハウも身につけてきていた。

なぜ集団的自衛権行使容認を支持したのか

いま思うと彼は実に戦略的にそれを成し遂げた。日本の有権者が投票行動の際に何を最重視するかもよく研究していた。とにもかくにも、景気を維持すること、上向かせること。そして国政選挙には絶対に負けないこと。この二つの政権維持原則を守り抜いた。

景気対策には異次元金融緩和を中心とするアベノミクスという政策を投入した。日銀が国債をほぼ無制限に引き受けることにより、景気対策にも財政対策にもなるという一石二鳥の政策だった。これを一〇年続けたことで、日銀がGDP並みの国債を背負わされることになり、今後その出口をどうするか、いまの植田《うえだ》（和男総裁）日銀でも最大の負の遺産になっているが、安倍時代は少なくともこの政策が奏功し、円安と株高で経済界は大喜びした。雇用も増え、就職状況も改善されたので若年層の自民党支持率も上がった。

「負けない選挙」にも全力投入していた。統一教会票の活用もその一つだった。どんなにいい政策を掲げていても、選挙に負けたらそこでおしまいだ。安倍は、解散時期を含めて、ありとあらゆる知恵とエネルギーと手段を弄して、選挙に臨んでいた。

消費税を上げる予定だったのを、政権として上げないとの公約を打ち出し、その是非を問うという茶番のような選挙も二回やった。選挙面では究極のポピュリストだった。だが、ちゃんと結果は出した。二〇一二年の野田佳彦《よしひこ》首相が解散した衆院選を含め、国政選挙を六回（衆院三回、参院三回）やってすべて勝った。

景気がよくて、選挙に負けない、という強固な政権基盤の上に立ったからこそ、歴代政権がなし得なかった集団的自衛権の解禁という難事業に立ち向かえたと言ってもいいだろう。

時間もきっちりかけた。まずは、いずれも二〇一三年に、国家安全保障会議を起ち上げ、特定秘密保護法を制定した。内閣法制局長官を集団的自衛権の行使容認派にすげ替え、戦後一貫して現行憲法下ではできないとしてきた内閣法制局長の答弁を二〇一四年に変更、ついには限定的ながら、米軍のための戦争を可能にし、かつ、米軍に対する後方支援はワールドワイドにできるような新法制を二〇一五年に作った。日米同盟再強化、つまり情報、作戦、武器における日米一体化路線の完成とも言えただろう。

僕が安倍路線を支持することにしたのは、先に述べた通りだ。憲法解釈の強引な変更には不満があったが、全体の流れはやむを得ないと思った。安保環境激変のなかで、日本は何もしなくてもいいのか。何もしないという道は、ますます米国への依存を強めるだけではないのか。

この疑念がどうしても頭から離れず、この際、日米安保における片務性の歪《ゆが》みを解消し、双務性へ一歩進むことが日米関係をより対等化し、日本の主体性を回復させることにつながるとの結論に達した。

日本が従米的になるパラドックス

かつて僕が感動した宮澤理論との関係で言うと、宮澤理論は一つの歴史的役割を終えたことになる。これだけの経済大国を作り上げたわけだから、その過去の役割の偉大さを否定する必要はないし、戦略的にその道を歩み続けたことを恥と思うこともない。ただ、天は自ら助くる者を助く、だ。歴史の変わり目には、僕らも自らを変えていく力を持たなければならない。

当時は、憲法学者はほとんどがこれに反対だった。メディアは二つにわかれた。先述の通り朝日、毎日は反対し、読売、産経が賛成だった。

僕は、自分がそう決断した以上、旧知のメディア人たちにも自分の決断の経過と理由を伝え、理解してもらいたい、同じ考えを持ってもらいたいと思い、議論して回った。朝日新聞は主筆だった船橋洋一、また、新法制成立前のことになるが毎日新聞は特別編集委員だった岩見隆夫らの元を訪ね、侃々諤々《かんかんがくがく》の議論を吹っかけた。僕は彼らにこう言った。

「もし日本が集団的自衛権の行使を認めないと、日米同盟は破棄の運命だ。同盟を破棄されたら、日本の防衛費は三、四倍増やさなきゃいけない。いまは米国の核の傘に守られているが、自前の核兵器を持たなきゃいけなくなる。いいのか、それで」

船橋も岩見も、わかってくれたと僕は理解している。ただ、社論を急に変えるわけにはいかないだろうということにもなった。僕もそこまでは言えない。

集団的自衛権の解禁は、安保政策史上、極めて重大な節目になった。

安倍政権には、とうとうそれを成し遂げたという達成感があふれていた。

新安保法制が成立した翌二〇一六年の参院選でまた安倍自民党が勝利、衆参で自公など改憲勢力が三分の二を取った時のことだ。与党で改憲発議できる数を取ったわけだ。

安倍に、「いよいよ憲法だね」と訊いたら、「そうじゃない」と言う。「実は田原さん、大きな声では言えないが、改憲する必要はなくなった。集団的自衛権の行使を認めるまでは、アーミテージ（元米国務副長官）、ナイ（元米国防次官補）らからこのままでは日米関係が悪化すると言われてきたが、安保法制以降、米国が何も言わなくなった。つまり、改憲の必要はなくなりました」と言う。

このエピソードが面白いのは、改憲もまた米国からの要請、圧力によってなされるという文脈を安倍自身が意識していたということだ。日米安保における日本の従米意識は、個々の政治家のなかにも、日本の政治システムのなかにも、根深くビルトインされていた。僕は、集団的自衛権行使解禁により、それが改善されるのではないか、日本の主体性がもっとわかりやすく前面に出てくるのではないかと期待した。

だが、事はそう簡単には運ばない。米国からすると一定の双務化は同盟関係として当たり前のことだというのだ。別にこのことで日本に恩義を感じる必要も譲歩することもない。日本が双務化を強めたのに、日米の一体化が進むことによって、軍事的にも情報的にも国際政治的にも優位に立つ米国に対し、ますますもって日本は従属的に振る舞わざるを得なくなるという不思議な現象、同盟のパラドックスが働くようになった。

その根源に何があるのか。このことを考えていくと、一つの問題に突き当たる。それが日米地位協定だった。

どうしても日米地位協定に踏み込みたい

安倍政権末期の二〇二〇年五月。僕は安倍にこう言った。

「日本の国土の面積〇・六%の沖縄に七割の在日米軍基地がある。沖縄県民の反発は当たり前だ。米海兵隊が沖縄に駐留するのは居心地がいいからだ。米国の占領政策の延長とも言える日米地位協定を改定することこそが、いま最も重要だ。イタリア、ドイツも改定した。地位協定は占領時代の名残のある不平等条約だ。できもしない改憲より優先すべき課題だ。これは石破《いしば》茂《しげる》にも岸田文雄にもできない。あなたは集団的自衛権の行使を一部容認、米国に恩を売った。改定はあなたの義務だ」

安倍は前向きな姿勢を示してくれた。

だが、担当の外務省には、まったくやる気がない。さっそく幹部が飛んできて、僕にこう言った。

「地位協定改定は、米国がどうしてもOKしない無理筋だ」

やはりね、と僕は思った。地位協定がある限りは、米国は自分の望むところに基地を作れる。普天間がまさにそうだ。改定したら、普天間は、それこそグアムかハワイに行くしかなくなる。米国がどうしても失いたくない既得権なのだ。「米国務省日本課」とも悪《あ》しざまに言われる外務省に、そういう問題意識はなかった。

これは少し腰を据えて取り組まなければならないなと思っていた矢先のことだ。僕が官邸に電話して安倍との面会を取りつけようと思うと、秘書官が安倍の体調が悪いと言う。そうこうしているうちに二〇二〇年八月には辞任会見だ。

僕としては、集団的自衛権行使解禁には賛成したが、その代償として、日米安保に関する主体性の確保、特にターゲットとして、地位協定改定にまで何とか踏み込もうとした。だがそれは、安倍退陣によってあえなく潰れてしまったというのが、安倍政権下における主体性の模索とその結果だった。これには僕も相当のストレスが残った。

安倍が辞め、菅義偉《すがよしひで》政権、岸田文雄政権となっていくが、日本の安全保障で、新たに二つの問題が出てきた。米中対立の深刻化による台湾有事のリスク、そして、ロシアが二〇二二年二月に始めたウクライナ戦争だ。

台湾有事については、二〇二一年四月のバイデンと菅の首脳会談で大きくクローズアップされた。バイデンは大統領就任後、最初の首脳会談の相手に日本の菅首相を選んだ。それまでは新大統領に就任すると、まずは欧州首脳などとの顔合わせを優先し、日本は後回しにされがちだったが、いきなりバイデン・菅会談だった。この背後には、中国の台頭する北東アジアが第一戦線であり、頼りは日本しかない、あるいは日本カードをもっと活用すべきだという米国側の認識の変化がある。

いまこそ日中外交が問われている

バイデン・菅会談の中身が重要だ。僕は外務省関係者からすべて聞いた。

バイデンは、中国が台湾を軍事侵攻したら、当然米国は台湾を守るために戦う、と踏み込んだ発言をした。菅は日本も台湾有事で戦うべきだとの認識を示したが、一方で、同時にそういう事態を起こさないためにどうするかが重要で、そのための努力に全力を挙げたい、と答えた。バイデンもそこを日本に期待したいと言った。

要は、米国も本音は戦争したくないのだ。バイデンの真意は、中国が台湾に武力行使しないように日本に何とかしてほしい、これだった。

中国に武力行使させないためにはどうするか。米国の日本に対する期待の一つが日本の軍備強化だった。中国のこの間の北東アジア地域への軍備増強は著しい。米国一国の力では抑止しきれない。その穴を埋めてほしいということだ。

ただ、菅政権は一年で崩れて米要請に応じきれなかったが、その後をフォローした岸田政権は、従順に応えようとした。二〇二二年末に安保関連三文書（国家安全保障戦略、防衛計画大綱、中期防衛力整備計画）を改定、反撃力としての中距離ミサイルの保有、防衛費を五年で四三兆円に増強することを決めた。

確かに、中国の軍備拡張に対し、一定の抑止力強化は必要だろう。ただ、果たしてそれだけでいいのかというのが僕の疑問だ。

専守防衛という国策に抵触しかねない大改定にしては、いかにも泥縄ではないか。軍事に走り過ぎ、外交をどうするかという視点が弱い。長年の日米安保体制（同盟）の習い性で、対米従属色の強い条件反射的対応から脱皮できていない。ここでもまた、日本の主体性をどうするのかという問題が逆照射されている。

やはりここは、外交的可能性を探るべきではないか。習近平に対し、台湾攻撃などしない方が中国のためになる、武力を使えば中国にとってマイナスになると上手に説得することはできないものだろうか。この問題意識が僕のなかに生じる。

そもそも対中国では、この半世紀、過去の政治家たちが残してくれた重要な合意文書がある。「日中共同声明」（一九七二年）、「日中平和友好条約」（一九七八年）、「平和と発展のための友好協力パートナーシップの構築に関する日中共同宣言」（一九九八年）、「『戦略的互恵関係』の包括的推進に関する日中共同声明」（二〇〇八年）がそうだ。

二〇一四年一一月の「四項目合意」も重要だ。「双方は、尖閣《せんかく》諸島等東シナ海の海域において近年緊張状態が生じていることについて異なる見解を有していると認識し、対話と協議を通じて、情勢の悪化を防ぐとともに、危機管理メカニズムを構築し、不測の事態の発生を回避することで意見の一致をみた」と謳っている。過去の合意を手がかりに、日中間の政治指導者による対話と意思疎通のパイプを再開するのが死活的に重要になっているのだ。

戦争の悲惨さを知る長老・二階俊博の出番

ではそれを誰にやってもらうか。本来は岸田がやるべきなのだろうが、僕は二階俊博・自民党元幹事長に目を付けた。自民党内で実力者であると同時に、習近平政権が最も信頼する親中派政治家である。

何よりも二階には実績がある。二〇一七年五月には、安倍晋三首相の親書を携えて訪中、習近平に対し「一帯一路政策」協力を表明し、膠着《こうちゃく》状態の両国関係の打開に動いた。

大規模訪中団を率いることでも有名だ。二〇〇二年九月の日中国交正常化三〇周年記念式典には、国会議員や経済人ら一万三〇〇〇人を、二〇一五年五月には、両国の観光業発展を期して民間企業幹部ら三〇〇〇人を連れて人民大会堂に乗り込んだ。現職国会議員最高齢ながらお永田町ですごみを利かせている。いまなぜ対中外交が必要かも、歴史を踏まえてよくわかっている。

その証拠に二階は僕にこう言う。

「日中の対立を防ぐための努力は外交にある。外交と同時に国民的な交流を頻繁にしていく必要がある。ネットを広く張って、有事、異変ということに対して早々に察知する能力を日本自身が身につけ、米国に教えてもらわなくてもわかるようにしなければならない。そういう努力は国民を挙げてやっていく必要がある」

「中国とは、顔と顔を合わせて話をする必要がある。自民党が担わなければならない大きな責任だ。他のことはちょっと遅れてもいいということもある。間違ったらやり直せばいいという問題もある。外交、国と国との問題ではトゥーレート（too late）は許されない。ここが与党と野党との違いだ」

かつて田中角栄が、戦争を知っている人たちが権力中枢にいるうちは日本の平和は大丈夫だが、そうでなくなると危ういと言っていたが、いま、そんな空気が漂っている。戦争の悲惨さを知っている長老の出番という意味でも適役だと思っている。

彼の言うことが振るっていた。

「自分を長老と思ったことはない。外国の政治家を見ると、年齢に関係なく最前線に立っている。政治家となって何歳かは関係ない。感覚があるかどうかだ。若くてもボケているのはボケている」

僕も九〇歳だが、二階も八五歳。年を取っても自分の仕事に対する使命感は変わらない。二階が最後の対中関係改善に取り組むのであれば、僕もついていってその最後の一徹をジャーナリストとして目撃したいと思っている。

井伊直弼《なおすけ》が選んだ対米協調という道

僕がなぜ日本の主体性という問題にこだわるか。それには戦後政治の文脈だけでなく、僕のルーツも絡んでいると思う。

僕はいまの滋賀県彦根市、かつての彦根藩出身だ。

いまから一七〇年前の話から始めなければならない。日本の安全保障は米国との関係によって決してきたが、その原点は一八五三年のペリー黒船来航にある。

「泰平の眠りを覚ます上喜撰《じょうきせん》　たった四杯で夜も眠れず」。近代的な軍備を備えた四隻の軍艦(蒸気船)に開国を迫られ、国を挙げての大騒ぎをした結果、二一五年の鎖国体制に終止符が打たれたことは誰でも知っている。

それから九〇年近く経過した一九四一年、日本は第二次世界大戦で、その米国と真正面から衝突し、戦後は米国主導の日米安保体制のなかで生きてきた。

要は、近代に入ってから、日本という国の安全保障は、一義的に米国との関係で決まってきた。米国に協調するか、対立するか、従属するか、その三つの選択肢で日本の安全保障が決されてきたと言ってもいい。そう考えると、やはりその大本に何があったのかを振り返る必要がある。

原点として、一八五八年に日米修好通商条約を結んだのが彦根藩出身の大老・井伊直弼であることに、僕は運命的なものを感じずにはいられないのだ。

井伊直弼は、米国に強硬に開国を迫られ、やらなければ攻めると言われ、これを認めたわけだ。ところが、天皇の周りには尊皇攘夷《そんのうじょうい》派がなお強く、結果的に井伊直弼は桜田門外で暗殺される。

ただ、もし井伊が鎖国継続という結論を出していたらどうなっていたか。たぶん日本は米国に潰されていたのではないか。米国の植民地にされていた可能性もゼロではない。井伊直弼は苦渋の判断の結果、結局は対米協調という道を選び、日本を潰さずに守ったわけだ。僕のなかにも最後の判断としては「対米協調」がある。

僕は、自立を目指すにしても米国を敵にすべきではないと思っている。性急な対米自立論には与《くみ》しない。米国と連携しながら、つまり対米協調しながら、その枠内でどう日本の主体性を出していくかが重要だ。その枠内で、アジアとの連携を探ることが日本に課せられていると思っている。つまり、対立か従属かの二分法ではなく、複数の関係を同時に大事にしていく道だ。問題は、いまの日米関係が対米協調を飛び越えて対米従属的になり過ぎていることだ。安倍が集団的自衛権行使容認のカードを切ったにもかかわらず、それが日米間の力関係のバランス改善につながっていない。

主体性論は核武装論に行きつく

日米地位協定の改定問題も放置されたままだ。岸田の防衛費増強、敵基地攻撃能力の保有も、米国の言い値で事が進んでおり、日本の主体性に基づいた独自の戦略というものが見えてこない。これでは僕は、命を賭して対米協調の断を下した井伊直弼にも顔向けができないということになる。

二〇二〇年、僕は安全保障を考える勉強会を作った。日米安保における日本の主体性がどうあるべきなのかを、もう一回根本的に考え直したいと思ってのことだ。

もちろん、台湾有事、米中戦争をどう見るか、またそれをどう回避するかを考える勉強会だ。日米同盟は必要だ。ただし、これまでのような受け身の日米同盟ではダメだ。日本が主体性を持てる、積極的に活用できるような同盟にする。中国、ロシア、ASEANと外交的に深い関係を築き、米国にも日米同盟がベターだと思わせる、そんな新たな多国間戦略を練る会だ。

主体性を考えた時に、では自主防衛ですか、そうなると核武装するのですか、という議論に必ずなる。ここは僕の考えをはっきりさせておきたい。

二〇〇三年のことだ。イラク戦争が始まる二カ月前にイラクに行った。フセイン大統領にインタビューできるという触れ込みだったが、フセイン側近から「田原さんの行動はすべてCIAにマークされており、インタビューを受けた途端に爆撃される」と言われ、ラマダン副大統領を代理で出してきた。ラマダンのその時の発言をいまでも思い出す。

「米国は我々が大量破壊兵器を持っているから攻撃すると言っているが、残念ながら我々はまだ核兵器開発に至っていない。米国はそれをよく知っている。だから米国は攻撃するだろう。持っていたら攻撃できないからだ」

まさにそうなった。なぜ北朝鮮が必死になって核保有に走ったか。イラクの二の舞になりたくないからだ。

核武装は、国家のサバイバル戦略においては重要な選択肢になる。日本については、ロシアによるウクライナ侵攻を受けて、安倍がＮＡＴＯ下の米国と加盟国による核シェア（共有）政策について日本も議論すべきだと発言し、賛否が渦巻いたことがあった。落としどころとして、「作らず」「持たず」「持ち込ませず」の非核三原則のうち、最後の部分を外すことによって、米国の核の傘の抑止効果をより強固にすべきだとの選択肢も浮上している。

非戦のためのライフワーク

なぜそういった議論が出てくるか。

その背景には米国は本当に日本を核の傘で守ってくれるのかという疑念があるからだ。仏の歴史人口学者・エマニュエル・トッドは「米国は頼りにならないから日本は独自に核武装すべきだ」（『文藝春秋』二〇二二年五月号）と言っている。

確かに、核に対する態度は、外交・安保政策において究極の主体性が問われる問題だ。対米従属に陥らざるを得ない動機を突き詰めていくと、米国の核の傘に守ってもらう戦略との因果関係がどうしても出てくる。

主体性を持つために、核の傘から抜け出る選択肢も留保すべきかどうか。その場合、自ら核武装して独自の抑止力を持つべきだというのが石原慎太郎らの意見だったが、僕はそれには賛同しない。原爆を二度落とされた日本に、その選択肢はあり得ない。そこははっきりしている。

ではどうするか。

それをいま勉強中なのだ。いずれ勉強会の成果も報告したいと思う。現時点ではっきり言えることの一つは、日米安保における主体性回復としていま日本が全力を挙げて取り組むべきは、対中国外交の活性化だということだ。米国にはない日本独自の対中人脈、情報網を作り上げ、それを梃《てこ》に米中間の緊張緩和を進めること。万が一にも台湾への武力侵攻という事態にならないよう、中国を外交的に抑止し、返す刀で米国にも自制を求める。

いまさらそんなことをしてもと言う人がいるかもしれないが、いまさらだが、しなくてはならないこともある。ここには、日本の命運がかかっている。主体性を考えることは、僕なりの「非戦の流儀」なのだ。日中間は地政学的にも一衣帯水である。近代の日本の安全保障は、米国との関係によって規定されてきたと言ってきたが、ここに新たに中国を加えることだ。方程式は複雑になるが、逆に言えば、外交カードは増えることになる。先述の二階俊博を軸にした議員外交を一つの突破口にすべきだろう。

核の傘については、基本的には現状維持だが、核の傘が果たして真に有効なものなのかどうかを常に点検する必要がある。トッドの言う疑念が根も葉もないものなのかどうか、常に米国と対話を続けていかなければならない。同時に、いまは忘れられてしまっている日米地位協定の改定にも取り組まなければならない。

日米安保における主体性の回復。これは実は、日本で生きるすべての人にとって焦眉の課題なのである。非戦のためのライフワークとして成果を上げられるか否か。僕のジャーナリスト人生の正念場を迎えている。

【倉重メモ】もう一つの「主体性論」

かつて「主体性」が議論されたことがあった。

学生運動がまだ華やかなりし頃、新左翼の理論闘争の一つだった。マルクス主義の骨幹の史的唯物論における、下部構造（経済関係）が上部構造（政治、文化など）を規定するという世界観があまりにも機械的な決定論で、もっと人間の主体性を発揮できる余地を作り出すべきだとの批判、論争と記憶している。

いま日本の外交・安全保障政策を論じるうえで、もう一つの「主体性論」が生まれている。戦後、日米安保体制の下で、米国にほぼ全面依存してきた外交・安保政策に対し、日本の主体性の発揮、自立した全体構想を求める議論である。米国が戦略を決め、機械的、受動的についていくのではなく、日本が自前の戦略を持ち、同盟関係も含め自らの運命に主体的に関与していこうという考えである。

東アジアにおける安全保障環境の激変が、背景にある。軍事、政治、経済などあらゆる面での中国の台頭と、米国の相対的後退である。巨大化した中国に、一衣帯水の日本がどう向き合うかは、日本の国益に照らし独自の判断で決められるべきだというのは正論であろう。米国が世界の警察官的立場を取れなくなり、バイデン政権が「同盟国への負担増」路線に転じていることも、日本の主体性がとみに求められる契機になっている。ウクライナでの戦争も外交・安保政策への関心を高めている。

ただ、この「主体性論」は、扱いを間違えると、かつての軍国主義の二の舞になる可能性もある。あくまでも議会制民主主義のコントロール下、開かれたメディア環境の中で、慎重で抑制の利いた議論が求められる。

田原は、この「主体性論」の火付け役でもある。歴代首相との安保論議を通じ、戦後日本が憲法九条を逆手に取って、安全保障は米国に委ねる路線を意図的に選択し、ある意味それは成功してきた、との認識を持ってきたが、ここにきて米中対決、ウクライナ戦争を受け、「安保政策に日本の主体性をどう取り戻すかが最大の政治課題」としている。この田原の問題提起は、いまの日本にとって極めて重要だと思っている。

第二章　ジャーナリストの心得

——権力と金の誘惑、そしてタブーへの挑戦

僕はこの本を極めてアクチュアルな「遺言」のつもりで語り下ろしている。こういう本にありがちな構成を裏切るように、まずライフワークとして追いかけている政策テーマについて、長々と述べたのは、その切迫感からだ。二つ目に言い残したいことは、ジャーナリストの取材姿勢についてだ。

自由な言論を司《つかさど》るジャーナリズムは、批判力こそがその精髄だ。僕らは、誰に対しても、何に対しても、常に自由に批判できるようにしておかなければならない。批判の矛先は権力に向けられることが多い。ということは、権力から身分と金を受け取ってはならないということになる。

田中角栄から差し出された厚さ一センチの封筒

僕はジャーナリストだけど、名刺には肩書きが一切ない。名前と連絡先だけだ。僕が好きなことを言えるのは、肩書きがないからだ。つまり、どこにも属してないので、気を遣う必要がない。

権力側の、ジャーナリストを取り込んでやろうという露骨な狙いには絶対に乗らないことだ。その一つは、政府の審議会委員というポストの提供だ。政府は、官邸から各省庁まで数多の審議会なるものを擁していて、ジャーナリストも、メディア枠のなかで委員就任を求められることがままある。僕もこれまで数知れず頼まれたが、すべて断った。確かに役所から情報を取れるかもしれない。だが、資料が与えられ、役所の意向に沿って報告書や答申を作るというお役所の延長のような仕事は、ジャーナリストがやることではないと思っている。

難しいのはお金だ。お金をもらうと書くべきことも書けなくなる。もちろん、原稿を書いたり、講演をしたり、司会をしたりすることに対する対価としての報酬はちゃんと受け取る。

問題は、政治の世界にはそうではない種類のお金が存在することだ。政治家が、記者なりジャーナリストなりを籠絡《ろうらく》するために、大金を配ることがあるのだ。

他の人のことは知る由もないが、僕の体験を話しておこう。何かの役には立つかもしれない。

僕がライター時代の一九八〇年のことだ。『文藝春秋』で田中角栄をインタビューすることになった。田中角栄は一九七六年にロッキード事件で逮捕、起訴されてからは、どこの取材にも一切応じていなかっただけに、このインタビューは特ダネとして注目を集めた。

なぜ、僕にその役目が回ってきたかと言うと、僕が『中央公論』に「アメリカの虎の尾を踏んだ田中角栄」という論考を書いたからだ。「田中角栄大悪人論」だけが吹き荒れる世論に対して、ロッキード事件とは、日本の自立を構想した田中に対する米国側の謀略ではないかということを仮説として提示した。この論考はいまでは田中評価の先鞭《せんべん》を付けるものとみなされているようだが、当時、僕はこの視点を、かつて共産党の幹部でその後、国際情勢分析で名を馳《は》せた山川暁夫《あきお》から学んだ。

最近、ジェレミー・ウールズィーというハーバード大学の東アジア研究科の研究者が訪ねてきて、田中角栄をめぐる当時の山川と僕の論考を読み比べたりしていることを知り、驚かされた。彼は『中央公論』二〇二三年六月号に「忘れられたジャーナリスト　山川暁夫と『現代の眼《め》』」という論考を発表している。

話を元に戻すが、田中側は僕の論考を読んでよしとしたのだろう。

インタビューで田中は、五時間、語りに語った。オールドパーを飲み、タオルで汗をぬぐいながら滔々《とうとう》と話した。そこまではよかった。問題はその後だ。

インタビュー終了後、田中が僕に封筒を差し出した。厚さ一センチくらい、たぶん一〇〇万円だろう。予測もしていたし、受け取るつもりは毛頭ない。だが、五時間も語り尽くしてくれた田中に対し、即、封筒を突き返すのは大人げない。いったんは受け取った。が、その足で平《ひら》河町《かわちょう》の田中事務所へ駆け込み、インタビューを仲介してくれた第一秘書の早坂茂三《しげぞう》に返却交渉することにした。

「返したい。受け取ってくれ」

早坂に言うと、早坂は、

「こんなの返したらおやじが怒るよ。明日から永田町を取材できなくなるぞ」

と脅してくる。しかし、こちらもこの点は譲れない。

「こんなの受け取ったら僕はジャーナリストとして失格になる」

永田町どころではなく、どこでも取材できなくなるという本音だった。

三〇分以上綱引きし、最後、僕は早坂に土下座までした。

早坂は最後まで納得しなかったが、僕はとにかく拝むようにして封筒を置いてきた。

二日後に早坂から電話がかかってきて、意外そうな声でこう言った。

「田原君、おやじが返却をオーケーしたよ」

僕はほっとした。田中角栄がこれに怒って僕に「×」マークを付けていたら、その後の僕は永田町で取材しづらくなったのではないかと思う。田中から金を渡されて断ったジャーナリストが何人いるか僕は知らない。少なくとも僕との間では、これがきっかけになって胸襟を開くことができたと感じている。

ジャーナリストとして、田中に試されたのかもしれないとも思う。

野中広務《ひろむ》からの一〇〇〇万円

内閣官房機密費（報償費）の話もしておこう。

官房機密費とは、「内閣官房の行う事務を円滑かつ効果的に遂行するために、当面の任務と状況に応じて機動的に使用する経費」だが、一言で言うと、時の政権が政局運営、政策推進のために使う闇金、工作費である。

予算計上は毎年一四億六〇〇〇万円だが、一時はそれでも足りないとして、五五億円といわれた外務省の外交機密費のうち二〇億円を毎年、官邸に還流させていたこともあったといわれる。使途は、「調査情報対策費」「活動関係費」「政策推進費」にわかれるが、国会議員の外遊時の餞別《せんべつ》や、野党工作、メディア対策にも充てられる。もちろん、首相番記者とか、大手新聞社の記者にはそんな露骨なことはしないだろうが、裏情報に通じたフリーの記者とか、影響力のある政治評論家らには定期的に配られていたという。

僕も影響力のある政治評論家の一人と認められたのか、このお金が届けられたことがあった。

関係者がもうすでに亡くなっているので、一ケースを明らかにしたい。

二〇〇〇年四月の小渕《おぶち》恵三政権末期だった。自自公連立から小沢一郎の自由党が抜けるかどうか、連立離脱政局があった時だ。小渕、小沢の会談が決裂して、自由党の連立離脱が決まり、一方で、小沢自由党も二つに割れ、二階俊博のグループが連立に残ることになる。小渕もただでは小沢の離脱を認めない、という鬼気迫る政局だった。小渕はあまりにその戦いに傾注した結果体調を崩し、小沢との会談の後に脳梗塞で倒れた。

野中広務から僕に連絡があったのは、小渕が緊急入院したすぐあとだった。野中は当時、自民党幹事長代理で、その半年前までは官房長官を務めていた。

野中から、「田原さん、いいお茶を渡したい」との電話があり、「部屋を取ってくれ」と言う。お茶をもらうのに部屋を取ることもなかろう、どうもおかしいと思い、「喫茶店で結構です」と答えた。

着物を着た女性が約束の場所に現れ、紙袋を僕に渡した。僕はその重さから判断して、「お金なら返さなきゃならない」と押し問答したが、女性が「絶対違います」と言うので受け取った。

女性が帰った後、紙袋をトイレで確認するとやはりお金が入っていた。一〇〇万円の封筒が一〇個、計一〇〇〇万円。これはいかんと女性を捜したが、すでに帰った後。一〇〇〇万円だけが手元に残った。

田中のケースと同様、すぐに返さなければと人を介して返す方法を探したが、適当な人が見当たらない。これは本人に直接返すしかないと腹を固め、野中の地元・京都に飛んだ。電話を入れて野中の事務所に赴き、選挙関連で本人が不在のところに、「申し訳ないけど受け取れません」とメモと紙袋を置いてきた。

その後、野中とはこの問題について、一切やりとりしなかった。互いに一件落着のつもりだった。ところが、一〇年後の二〇一〇年四月、野中がテレビのインタビューで、官房機密費の話を明かしていた。官房長官時代の話として、「言論活動で立派な評論をしている人たちのところに、盆暮れ五〇〇万円ずつ届けることのむなしさ」があったと暴露、僕が受け取りを拒否したことにもきちんと触れてくれていた。

率直に言って、これは助かったと思った。僕が受け取らなかったと言っても、そもそも密室での話であり、それを証明するものは何もなかったからだ。出した当人に言ってもらえればそれに勝るものはない。田中からも野中からも金は受け取らなかったということが、その後の僕のジャーナリスト人生にどれだけ役立ったか。

まず、相手がお金で籠絡しようとしてこなくなる。この人には無理だということが業界内で知れわたる効果がある。そうなると、誠心誠意、本音で取材の受け答えをするしかなくなってくる。それがまた僕の狙いでもあった。

ジャーナリストは、政治との関係にかかわらず、お金の問題は常に身ぎれいにしておくことが肝心だと思っている。

公安警察から尾行されていた

リクルート事件について、「江副浩正冤罪論《えぞえひろまさえんざいろん》」を小学館の雑誌『SAPIO』で連載したことがある。僕は、検察の捜査を徹底的に批判した。連載何回目かの時に京橋税務署が田原事務所に税務調査で入ってきた。僕は事務所の経理については公認会計士にきちんと監査してもらっていたので、税務署が入っても何の痛痒《つうよう》もなかった。調査は二カ月くらい続いたが、税務署は何も問題を発見できなかった。

ただ、僕には、自分が検察批判を展開したことと、急に税務調査が入ったことは無関係とは思えなかった。検察と国税が仕事柄、人脈的にも深くつながっているのをよく知っていた。

かつて、金丸《かねまる》五億円事件というのがあった。バブル全盛の頃だ。東京佐川急便から金丸信《しん》

（当時自民党副総裁）に五億円が渡された。これがばれ、金丸は政治資金規正法違反で略式起訴（罰金刑）された。ただ、五億円ものカネが動いて罰金とは刑が軽過ぎる、検察は政治に甘いのではないかという検察不信、検察批判が高まった。

これに検察・法務当局が手を焼いた。ロッキード事件の時の「正義の検察」が、金丸事件では「手心の検察」になってしまったわけだ。これを救ったのが国税だった。金丸が長信銀（長期信用銀行）の一つであった日本債券信用銀行にため込んでいた金融債が脱税に当たる可能性があるという情報を検察に持ち込んだ。その後金丸を逮捕、起訴することになる一大疑獄事件の端緒を与えたわけだ。これで検察は再び正義の勧善懲悪の検察に復活した。検察と国税は、お互い貸し借りの世界で生きている。

こんな話がゴマンとある。検察も国税も、国家権力の手先だ。強制力も持っている。ジャーナリストとして、国家権力と相まみえるヤバい仕事をしていると、権力から見張られているんだなと感じることが何度かあった。

一九八〇年頃には警察から尾行されていた。滝田修《たきたおさむ》の取材をしていた時だ。滝田は元京大助手、京大全共闘の理論的支柱で、一九七一年に起きた朝霞《あさか》自衛官殺害事件の首謀者として指名手配されていた。僕は、滝田の友人を通じて、地下潜行していた滝田と連絡を取り合っており、滝田の率いる新左翼グループと、野村秋介の新右翼グループの和解の仲介役を果たし、二人を握手させたこともあった。

なぜ尾行がわかったかというと、埼玉県警公安担当の刑事がある日、僕の家を訪ね、「私を覚えてらっしゃいますか。ずっと後をつけさせてもらってました」と話してくれたからだ。「実は明日、定年退職になります。長いことお世話になりました」と言う。

これには僕も驚いた。彼によると、一〇年以上尾行していたそうだ。自宅の部屋のなかまで入って撮った写真も見せられた。たぶん滝田の所在情報がどこかで取れないか、という捜査だったのだろう。あまりにあけすけに告白されて、僕は抗議する気も起きなかった。

ジャーナリストは不明朗なお金を受け取ってはならない。その仕事の性格上、権力から狙い撃ちされることも覚悟しなければならない。

そのジャーナリストとしての覚悟の究極的な姿が、僕で言えばプライバシーゼロ路線だ。お金も、女性関係も、家族も、全部オープンということだ。なまじっかなプライバシーなんか持っていたら、こんな商売はできない。どこを突《つつ》かれても大丈夫なように、常に身ぎれいにしておくことが大事だと思う。

もちろん、聖人君子的なことを若い人たちに強要しようとは思っていない。ただ、僕はこうしてきたという事実を伝えたいだけだ。九〇歳になって、プライバシーゼロはほとんど完成体に近くなっていると思っている。だからこそ、ますます批判精神を磨いていきたい。

日本人拉致事件というタブー

さて、次なる「遺言」だ。世の中に多くいるジャーナリストたちに、自分の得意技はこれだという「売り」を持てと言いたい。僕の場合、それは「タブーへの挑戦」だった。

東京12チャンネルでディレクターをしていた時も、ライターをしていた時も、「朝生」や「サンプロ」の司会をしていた時も、そうだった。それぞれの場面で何をしたかについては、章を改め詳述したい。

ここでは、北朝鮮による日本人拉致事件というタブーについて、僕の関わりを整理しておきたい。

この事件は、一九七〇年代から八〇年代にかけて、北朝鮮の工作員が、日本や欧州から日本人をカップルないしは個別に拉致したというものだ。現在までに日本政府が認定した拉致事案は一二件、被害者は一七人。北朝鮮側は、二〇〇二年の小泉純一郎・金正日《キムジョンイル》会談で、当時日本政府が認定していた一三名について八人死亡、四人生存（二〇〇二年帰国）、一人は入国せず、と回答し、他一名の拉致を認めた。また、その後日本政府が認定した三名については入国を否定した。一方で、日本政府は二〇〇六年の第一次安倍政権以降、拉致被害者は皆生きていることを前提に、一人残らず返せと主張してきた。

拉致事件の悲劇は、個々の失踪事件が、北朝鮮による組織的犯罪であることが長年にわたって判明しなかったことによるが、北朝鮮側が拉致の事実を認めた小泉訪朝以来、二〇年にわたり、ほとんど新たな進展がなかった原因は、両者の主張の隔たりがあまりに大きく、それを政治的に埋めきれなかったところにある。両者ともに突っ張り合って妥協的解決を図れなかった。

僕の理解は、拉致問題の「真の解決策」とは、両者の言い分が大きく食い違うなかで、たった一つしかない真実（生死）に時間をかけて可能な限り肉薄することだった。そのためには、北朝鮮側が提示した「事実」を手がかりに、一つ一つ物証、証言を突き合わせ、真偽の蓋然性を高めるという根気と執念に基づいた地道な作業を続けるしかなかった。

一定の認定ができた段階で、生きている者については帰還させ、死者については謝罪と賠償を求め、外交交渉として決着をつけるのが筋だったはずだ。

それは多くの困難を伴う作業であろう。被害者家族を傷つけ、政権のメンツを潰す局面もあるはずだ。北朝鮮側の挙証に対峙《たいじ》する、日本側の意思と能力の問題もある。ただ、その困難に挑戦することこそが拉致問題を政治的、外交的に終局へ導く道であった。拉致問題への取り組みを「一丁目一番地」に掲げ、しかも、それを追い風に駆け上ってきた安倍長期政権の、被害者・家族に対するせめてもの誠意、あるいは恩返しであったはずだ。

だが、安倍政権は逆の道を選んだ。被害者全員を生きて奪還することを政治スローガンにし、その意に沿わない「事実」は拒絶、威勢よく圧力と制裁の刀を振りかざしてきた。その間ストックホルム合意（二〇一四年）、トランプ大統領への仲介依頼（米朝宥和時の二〇一八年）、無条件で日朝首脳会談実現を目指すことの表明（二〇一九年）といくつかの変化球を投げ、時間稼ぎと政権浮揚効果に使うことはできたが、拉致問題を解くカギになる生死確定作業には一歩も踏み込めなかった。これが、僕から見た拉致問題が完全に停滞したことの深層だ。

安倍官邸も外務省もメディアも、本当の意味での解決策には向き合えなかった。生死判定、という言葉が使えなかった。「死」もあり得べしという冷徹な議論ができなかった。「死」の可能性を語っただけでたちまちのうちに被害者家族を支持する世論から叩かれることになった。

もちろん、被害者にもその家族にも何の落ち度もないわけで、北朝鮮側の非道な措置に対して憤りを感じることにおいては、僕もまったく同様だ。ただ、ことこの問題に対しては、被害者家族に対する同情以外の報道、見方は一切許されないという異様な世論の空気感があったのも確かである。

もとより、このバランスの悪さを指摘した識者もいた。民族問題・南北問題研究家の太田昌《まさ》国《くに》は『「拉致」異論』（太田出版、二〇〇三年）を発表し、ナショナリズム一色に染まる日本の世論に強い違和感を表明した。太田からするとこの問題では右も左もバランスが悪かった。拉致問題に際してナショナリズムを煽《あお》る右派勢力に対しては、日本の朝鮮への植民地支配という過去の加害責任に歴史的に向き合うことなく拉致被害のみに問題を凝縮させたとし、左派・進歩派勢力に対しては、北朝鮮の犯罪に対してあまりに無批判、無自覚だったとし、それぞれ批判した。

太田は二〇〇九年には、拉致被害者「家族会」の代表格だった蓮池透《はすいけ》との議論を『拉致対論』（太田出版）として刊行した。拉致被害者「家族会」「救う会」の圧力団体としての側面にスポットを当て、過去の植民地支配により「加害者」として批判されることに不満を持った人々が、拉致問題によって「被害者」資格を得てナショナリズムを煽動《せんどう》していると喝破したのだ。鋭い分析だったと思うが、これは明らかに少数意見だった。「家族会」「救う会」は、なお聖域にあった。安倍政権そのものが被害者全員の生存を前提にしていることに変わりはなかったし、メディアの大勢もまたその枠を超えた報道をする意思も能力もなかった。

「朝生」〝失言〟のバックグラウンド

そういう事態を背景に、僕の〝失言〟が飛び出した。

二〇〇九年四月二五日放送の「朝まで生テレビ！」だった。横田めぐみ、有本恵子の安否をめぐり、僕が「外務省も生きていないことはわかっている」と発言したことが、大問題になった。

五月一一日、「家族会」と「救う会」から、テレビ番組で根拠のない発言をしたとして、僕とテレビ朝日の君和田正夫社長宛に抗議文書が送付された。

僕はこれに対して、「家族のお気持ちはわかる。しかし、私は事実を言ったまでだ。情報源は言えないが、情報を得ている」と答えた。

なぜそう答えたか。以下のような経過があった。

小泉純一郎首相は二度、北朝鮮に行ったが、僕もその前後に北朝鮮に飛び、後に同国の朝日国交正常化交渉担当大使となる宋日昊《ソンイルホ》とすっかり仲よくなった。彼は日本語が堪能で、僕に対して政府発表にないことまで話してくれるようになった。僕のジャーナリストとしての発信力を使おうとしたのかもしれない。彼はある時こう言った。

北朝鮮に拉致された人は、これまで言われていた人たち以外にもいる。ただ、その彼らを日本に返そうとしても返せない。なぜなら、日本政府がまったく相手にしてくれないからだ、と。

僕は帰国してからこの話を外務省首脳クラスにぶつけた。

「北朝鮮は返すと言っているけど日本が相手にしないという。何とかならないのか」

外務省の返答は、以下のようなものだった。

北朝鮮側のそのリストには、国民的に知られた被害者が入っていない。彼らが帰ってこないのでは、日本の世論は変わらない。逆に、北朝鮮側が名前を挙げた人たちが帰国したら、それだけで多額の国費を出さなければならない。

ありていに言えば、名の知られた被害者以外は、政府として前向きに対応できないということであった。

その後、ストックホルム合意で北朝鮮側から示された新情報、つまり、政府認定拉致被害者である田中実《みのる》と、認定はされていないが拉致の可能性を排除できない行方不明者の金田龍光《かねだたつみつ》が、平壌《ピョンヤン》で生存しているというニュースが報道されたが、これは僕は、宋日昊が匂わせていた話とつながると思っている。

一方、横田、有本の二人の生死については、外務省高官と何度もやりとりするうちに、彼らがどう捉えているかも、僕には明確に伝わってきていた。

僕の「朝生」〝失言〟には、こういうバックグラウンドがあった。こういったタブーをいつまでも残しておいてはいけない、という義務感もあった。

さらにタブーに踏み込んでいきたい

僕がある意味、居直ったものだから波紋はますます大きくなった。五月一九日には、外相の中曽根弘文が、僕の発言について「大変遺憾で非常に誤解を与える発言だ。外務省は安否不明の拉致被害者はすべて生存しているとの立場、前提に立っている。田原氏の発言はまったくの誤りで大変遺憾。一日も早い拉致被害者の帰国のために努力している人たちに失礼な話だ」とコメントした。

世論と外務省からの猛烈な風圧で、僕としてもこの場をとりあえず収めるしかなかった。外務省と歩調を合わせる形で、「人の生死に関する問題を、具体的な情報源を示すことなく発言したことは深く反省している。横田さんたちが生きていることを心から望んでいる。言葉が足りず、大変申し訳ない」と謝罪した。

ただそれだけでは終わらなかった。七月一六日、有本恵子の両親が僕を相手取り、精神的苦痛を受けたとして、一〇〇〇万円の慰謝料を求める訴えを神戸地裁に起こした。僕は「表現は乱暴だったが、外務省高官への取材に基づく発言であり、今後、法廷で主張していく」とコメントした。

二〇一〇年一〇月一八日、神戸地裁は僕に対し、外務省幹部に取材した際の録音テープの提出を命令したが、さすがに取材ソースを明かせるわけがない。僕は大阪高裁へ即時抗告を行い、翌二〇一一年一月二一日、大阪高裁は「テープの内容は書面などで代替が可能で、取材源秘匿の社会的価値を考慮してもなお提出が不可欠とはいえない」として地裁の決定を取り消した。

一一月四日、神戸地裁は慰謝料請求訴訟についての原告側主張を認め、僕の発言に合理的根拠があったとは認められないとして、一〇〇万円の賠償支払いを命じた。僕はいったんは判決を不服として控訴する方針を表明したが、最終的には断念した。

僕は裁判では負けたが、真相は、歴史が明らかにしてくれると思っている。これが僕がこの問題について言えるギリギリのところだ。

僕はこれまでこういった経緯を表に出すことは避けてきた。しかし、安倍も亡くなり、関係者がどんどん鬼籍に入っていくなかで、この問題についての僕なりの整理をきちんと残しておかなければならないと思うようになった。

タブーを破った者は、一時は社会的制裁を受ける。だが、後にその禁忌が解かれた時には、特ダネだったと賞揚される。拉致問題については今後もフォローし、さらにタブーに踏み込んでいきたい。

僕は何度か深刻な病気をしてきた

さて、「売り」についての話に戻るが、九〇歳の現役ジャーナリストというのも売りになるのではないか。

過去にもすごい人はいた。

むのたけじもその一人だ。一九一五年生まれ。朝日新聞で中国や南方戦線の従軍特派員を務めたが、有名なのが敗戦時のけじめだ。「負けた戦争を『勝った』と言い続け、嘘《うそ》ばかり書いていた。けじめをつけたい」と朝日を退社し、郷里の秋田県で週刊新聞『たいまつ』を発行し、「反戦」「反権力」を訴えてきた。二〇一六年八月、一〇一歳で亡くなったが、最期まで反骨を貫いたジャーナリストだった。

一〇〇歳を過ぎても反骨のジャーナリストだったむのの真似《まね》を僕ができるかどうかはわからない。ただ、僕にも世代的に敗戦時の体験があり、ジャーナリストとしての信条がある。九〇歳でなお突撃型ジャーナリストを志したいという点ではむのに匹敵する志を持っていると自負している。

僕は必ずしも体の丈夫な人間ではない。過去に何度か深刻な病気もしている。

東京12チャンネルを辞めてフリーになった時、二カ月半ほど体調を崩した。朝起きたら新聞が読めない。記事も見出しも読めない。一字一字はわかるが、フレーズや文章になるとわからなくなる。自宅の本棚に並ぶ本の背表紙も読めない。街に出ても看板の文字が読めない。これはただ事ではないと思ったが、病院にも行けない。まだフリーになって一年ほどだったから、こんな病気であることが世間にばれると仕事が来なくなるのではないかと恐怖感が先立った。

やむなく、それから二カ月半の間は、アシスタントをしてくれていた高野孟《はじめ》らに僕がしゃべる内容を口述筆記してもらっていた。それで何とかしのぐうちに元に戻ることができたが、僕にとっては恐怖の体験だった。病院に行かなかったから、いまでも原因はわからないが、仕事が変わった時の極度の緊張と徹夜続きの疲労から来ていたのだろうと想像している。

それから何回か体調を崩したが、四〇代後半の時、今度は黒い便が出て十二指腸潰瘍になってしまった。早大文学部時代にもこれを一回思ったことがあったので、二週間ほど入院し、点滴を受けながら連載原稿を書いた。

六〇歳頃には、ストレスで消化器系が働かなくなった。ちょうど『週刊文春』で官僚物の連載をしている時だった。胃腸がうまく動かなくなり、出るものも出なくなった。てっきりがんだと思い込んで日比谷にあった個人病院に入院した。精密検査をしてもらったが原因がわからない。臓器によるものではなさそうだ。神経性のものらしいということで、慶應義塾大学病院の精神・神経科で診てもらったが、そこでもよくわからない。結局は東洋医学がよかろうということになり、鍼灸《しんきゅう》・指圧治療に変え、その医師が亡くなるまで通った。

ジャーナリズムほど刺激的な仕事はない

僕のことを知っている人たちは「こんな年になって真夜中の番組やって体に悪いじゃないか」と心配してくれる。

「朝まで生テレビ！」の時は、前日の一三時から一七時ぐらいまで仮眠を取る。必ずしも眠れるわけではないが、横になっている。二三時一五分ぐらいに局入りして、そこから打ち合わせが始まり、本番となる。僕にとっては、番組が面白いから全然疲れない。ストレスもまったく感じない。「田原さんそのものがストレス」と周りから言われるくらいだ。

ただ、年齢からくる心身の劣化がないわけではない。物忘れが激しい。マネージメントをしてくれている娘にしょっちゅう怒られている。

歯切れも悪くなったと言われる。僕と会った人たちは、田原はテレビであれだけ大声を出して仕切っていると思っていたら意外と小さな声でボソボソとしゃべる人だなと言う。だが、声は昔からこんなものだ。

年を取ってやはり気が短くなっている部分もある。もともとせっかちな性格だが、高齢化で拍車がかかった。なにせ先が短い。いまのうちに言っておきたいことが口を突いて出てしまう。

二〇二三年の年頭にも「朝生」で、ジャーナリストのたかまつななとの一件がメディアで騒がれた。彼女は起業家としてもなかなかのもので、僕はすごく期待するタレントの一人だ。その彼女が、日本が良くなるとは思っていないと、絶望しているようなことを言ったので「だったらこの国から出ていけ」とつい怒鳴ってしまった。

僕は優秀な若手の人たちが、日本について安易に「絶望」という言葉を繰り出すことに怒りのようなものを感じている。君らは能力があるのになぜもっと頑張らないんだ、絶望する前にこの国をよくするために何をすべきか考えればいいじゃないか、と。僕からすると、叱咤《しった》激励のつもりだったが、口調が険しくなり過ぎた。

実はその前にも、哲学者の東浩紀《あずまひろき》との一件があった。東がまた別の文脈で「(日本には)もう絶望しかないです」みたいなことを言うので「絶望しているんだったら死ね」と言った。そしたら東が大笑いして「それは名言だけど、テレビではその『死ね』はやめた方がいいですよ」と、僕に釘《くぎ》を刺した。それもあって僕のなかに自制が働いて、「死ね」ではなく「出ていけ」にちゃんと言い直していた。

それにしてもこの件では、たかまつには二重に悪いことをしてしまった。僕が大声で怒鳴ったことが切り取られ、ネットで批判が集まったのに対し、たかまつが自分で、僕が言ったのはそういう意味じゃないと釈明、それがまた叩かれた。「お前はテレビに出たいから田原を擁護しているんだ」と。

昔の「朝生」での激しいやりとりを思えば大したことではないといえども、僕のこの短気は何とかしなくてはいけない。

ただ、何といっても九〇歳だ。高齢であることにたまには甘えて言うのだが、多少のことは許してもらいたい。九〇歳の爺《じい》さんが毎日三件も四件もアポを入れ、年に数冊の本を出し、時の首相に意見具申し、ジャーナリズムをまっとうしようとしていることを見守ってほしい。それ自体がニュースであると思っていただけると嬉しい。

ここしばらくは病気もしていない。朝起きると僕は、「今日もまだ生きている。ありがたい」

と思う。人とも会えるし、取材ができる。そこで俄然《がぜん》、やる気が湧き上がる。九〇歳をここまで燃え上がらせてくれる、ジャーナリズムほど刺激的な仕事はない。

【倉重メモ】『全身小説家』の原一男監督が田原総一朗を語る

なぜ本書のタイトルを「全身ジャーナリスト」にしたのか。

ヒントは、『全身小説家』という、原一男監督が戦後派作家・井上光晴の晩年に取材して制作した一九九四年の日本のドキュメンタリー映画にある。第七回東京国際映画祭の「アジア秀作映画週間」部門で上映された（キネマ旬報ベスト・テン一位・監督賞、毎日映画コンクール日本映画大賞等受賞）。井上が自らの死を予期しながら、自分の表現手段をすべてさらして小説を書いていくという凄《すさ》まじい映画だった。そして私は、「全身」は、まさに田原にもふさわしいと思った。

原監督といえば『ゆきゆきて、神軍』（一九八七年。日本映画監督協会新人賞、ベルリン映画祭カリガリ映画賞、シネマ・ドゥ・リール大賞等受賞）で、太平洋戦争の飢餓地獄・ニューギニア戦線で生き残り、「神軍平等兵」と称して慰霊と戦争責任の追及を続けた奥崎謙三の型破りな言動を追うドキュメンタリーを作った人だ。田原が東京12チャンネルのディレクター時代に助手として使った関係もある。

この「全身」を使うにあたって、原には仁義を切った。原は「はっは」と笑った。

「まあ、全身というのはいろんな意味がある。いい意味も悪い意味も含めてその人の一生なんで、別に使われることにはそうか、田原さんが使ったかというぐらいなものだ」

そしてこう語った。

「もともと『全身小説家』は、私たちのオリジナルではなかった。映画が完成しタイトルをどうしようかと思った時に、井上さんの友人である埴谷雄高《はにやゆたか》さんが『全身小説家井上光晴』と書いていたのを私たちの助監督が見つけ出し、『原さんこれどうですか』『ああいいね』といただいた。他の人が使ってもオリジナリティを主張するつもりはない」

さて、生まれてからいまに至る九〇年間で、田原がどう「全身ジャーナリスト」になっていったか。メリハリをつけて語ってもらおう。

第三章　反骨の証明

――ジャーナリストは疑い続けよ、問い続けよ

僕はなぜジャーナリストの道を選んだのか。一つは、僕の疑《うたぐ》り深い性格が、そのままこの職業に向かったということがあると思う。世の中の主流になっている言説をまずは疑う、そして納得できない限り「なぜ」を突きつけてきた。それはもともと僕にあった、物事の因果や背景を知ることへの強い関心のなせるわざだが、それだけではない。あの戦争の末期に育ち、敗戦を体験した僕たちの世代ならではの価値観があったと思う。

天皇陛下のために死ぬことを疑っていなかった

一九四五年八月一五日。小学校五年の夏休みに天皇の玉音放送を聞いた。戦争に負けた日だった。それまでの僕は典型的な軍国少年だった。

周辺の環境がそうさせたのだ。僕が生まれたのは一九三四年四月一五日、日本が満州事変（一九三一年）を起こし十五年戦争にのめり込んでいく時期が、ちょうど僕らが次第に物心ついていく幼少期とぴったり重なっている。少年期戦中派とでもいうのか、兵隊に取られる年齢ではない。戦後の、戦争を知らない世代でもない。ちょうどその間に挟まり、純粋でナイーブな子どもの頃から、戦争というもののリアルに首まで漬からざるを得なかった特殊な世代だった。

太平洋戦争が始まったのが小学校一年だ。

当時の担任は、授業で太平洋の地図を黒板に描いては、日本軍の侵攻状況を僕らに教えた。フィリピンやボルネオなど、白墨で描き込んだ島々が次々に赤丸で囲まれていく。赤丸は日本軍の占領の印だった。地図が赤く染まっていくのが小気味よかった。ずいぶん景気がいいなと思った。

夜は両親とラジオを囲んでNHKで放送される大本営発表を聞くのが日課だった。こちらも、敵戦艦を撃沈といった威勢のいい話ばかりだった。いま思えば、嘘の発表が繰り返される毎日だったのだろう。小学校二年からは絵日記を書き始めた。一〇代の子どもたちが、義勇軍として教師たちに付き添われて満州や内蒙古の未開拓地を開発するために大陸に渡ったという話を書いたのを覚えている。

小学校四年からは学校での軍事教練が始まった。隊列を作ったり、木の銃を持って行進させられたりした。小学校五年ともなると、社会科の授業でこの戦争の目的などについても教わるようになった。米英を中心とした列強各国が、アジアを植民地化するのに対抗した正義の戦争だ、と。だから君らも早く大人になって、戦争に参加して、天皇陛下のために名誉の戦死を遂げよ、そう言われた。

僕は、天皇陛下のために軍隊に入り、天皇陛下のために出征し、天皇陛下のために死ぬということに、まったく疑いを持っていなかった。学校で各種式典を開催する時には、必ず昭和天皇の御真影が講堂の奥に飾られた。いまの北朝鮮の金（日成《イルソン》、正日、正恩《ジョンウン》）ファミリーではないが、まさに画《え》に描いたような神格化だった。「陛下のお顔を直接見てはいけない。額の下の縁までだ。直接見たら目が潰れる」とも教育されていた。

先輩たちは高等小学校を出ると、予科練に入ったり、中学校を卒業して海軍兵学校（海兵）や陸軍士官学校に進学したりしていた。僕は、海兵入りが決まっていた従兄弟《いとこ》に憧れ、海兵に行こうと思っていた。海軍兵学校というのはエリートで、なぜ海軍かというと、陸軍は行軍がある。歩かなきゃいけない。海軍は甲板の上だから歩かなくていい。それで海軍を選んだ。僕は子どもの頃から、こすっからいところがあったのかもしれない。

「勝ちぬく僕等《ぼくら》少国民」から「玉音放送」へ

戦争末期、燃料不足になって、クラス全員で列を作って山に松脂《まつやに》を採りにいったのも忘れられない。松の幹に傷を付けて竹のコップを置いておくと自然に松脂がたまる。それを回収し、航空用ガソリンの代替物として利用しようとした。総力戦とはよく言ったものだ。

その時歌ったのが、「勝ちぬく僕等少国民」(作詞・上村数馬、作曲・橋本国彦)という歌だった。少国民とは、日中戦争から第二次世界大戦までの日本において、銃後に位置する子どもを指す言葉だった。年少の皇国民という意味だ。

こんな歌だった。いまでも僕の口をついて出る。

天皇陛下の御為《おんため》に
死ね(中略)
敵を百千斬《き》り斃《たお》す(中略)
一発必中体当り(中略)
敵の本土の空高く
日の丸の旗立てるのだ

しかし、現実の戦況は厳しくなる一方だった。

僕の故郷・彦根にも空襲があった。近所に爆弾が二発落とされた。機銃掃射もあった。死者や負傷者が出て、僕の実家の前を運ばれていったのも覚えている。

肉親にも戦死者が出た。従兄弟二人が亡くなった。年上の方はフィリピンのルソン島で戦死、僕が憧れていた年下の方は、海兵を出た後に海軍に入り、東北沖合で乗っていた船が機雷に抵触し亡くなった。

こんな生活が一体いつまで続くのだろうと思っているうちに、八月一五日がやってきた。学校は夏休み中だ。昼前から近所の大人たちが僕の家に集まってきた。昭和天皇のお言葉があるというので、うちのラジオで聞こうということだった。

僕も一緒になって聞いた。聞きはしたが、正直言って、ノイズが多くて、よくわからない。言葉も難しい。とにかく、「堪えがたきを堪え、忍びがたきを忍び」とか、「敵は新たに残虐なる爆弾を使用し」とか、このあたりはわかるんだけど、全体で何を言いたいんだかはわからなかった。

大人たちも同様だった。その解釈をめぐって議論を始めた。「堪えがたきを堪え」だから、本土決戦まで続けるんじゃないかと言う人もいたし、いや、わざわざ天皇が肉声で国民に伝えたということは戦争が終わるのではないかと解説する人もいて、意見がわかれた。勝ち派、負け派だ。

そうこうしているうちに彦根市役所の職員がメガホンを持って巡回、論争に決着をつけてくれた。

「戦争が終わりました」

こうはっきりと言った。負けたではなく、終わりました、と。つまり終戦というわけだ。

「もう死ななくていいんだ」

終わったと聞き、僕の頭に最初に去来したのが、「これで海兵に行けなくなった」だった。少年の頃の最大の目標が、音を立てて崩れ去った。お先真っ暗、僕は絶望的になった。とにかく下の従兄弟と同じように、海軍兵学校に入って、天皇陛下のために戦争に参加することが人生の唯一の正しい目標だったから。

僕は一人になりたかった。祖母が暮らしていた離れの二階に行って、ただ、ひたすら泣いた。そして、いつの間にか寝ちゃった。泣き寝入りというやつだ。

目が覚めたら世の中は夜になっていた。離れから母屋に戻って二階の窓から外を見て、びっくりした。前日の夜までは空襲対応の灯火管制で街が真っ暗だったのが、やたらと明るい。戦争が終わったから、街に電灯が煌々《こうこう》とついている。

不思議なことだが、僕のなかにこれまでと違う感情が生まれた。

「もう死ななくていいんだ」

「海兵に行けなくなった」に、それが取って替わった。明るい街がこんなに美しいものだったことも改めて知らされた。絶望的になって寝たが、目が覚めてみたら明るい別の日本に変わっていた。とにかく解放された気になった。

これが僕にとっての「日本のいちばん長い日」だった。

そして二学期になり、また学校が始まった。そこで僕は大人たち、特に教師たちに最初の不信感を抱くことになった。終戦前と後で、言うことが一八〇度ガラッと変わったからだ。

教師たちはこう言い始めたのだ。

「実はあの戦争は日本の侵略戦争だった。やってはいけない間違った悪の戦争だった」

「正しいのは英米であり、日本の指導者たちは皆間違えた」

一学期までは国民の英雄として、新聞もラジオも褒めたたえていた人間が、二学期になって急に逮捕された。東條英機らA級戦犯だ。教師も周辺の大人たちも、躊躇《ちゅうちょ》なく彼らは逮捕されて当然であると言い立てた。

「君らは今後戦争が起きそうになったら、体を張って阻止しなさい」とまで言った。「一〇月になると占領軍がやってくる。占領体制になったらおとなしくした方がいい。間違っても抵抗しないように」とも諭された。

墨塗り教科書、焼かれた御真影……

しばらくたって、今度は教科書を墨塗りすることになった。これまで勉強したことは間違いだったということで、その箇所に墨を塗った。たちまち教科書は真っ黒になる。

戦前を否定する作業が他にもあった。あれだけかしこまって拝んでいた天皇の御真影も校庭の焚《た》き火《び》で燃やされた。忠魂殿のなかに入っていたものも全部取り出され焼かれた。

それが僕らの心にどう映ったのか。

まず、教師たちの言うことが信じられなくなった。教職は当時は聖職とも言われたほど大事な職業だ。地域でも尊敬されるインテリだった。親は教師の言うことを絶対視しており、説教の二言目には「先生の言うことをしっかり聞きなさい」だった。子どもにとって人間関係のヒエラルキーで言えば、一つの頂点を占めるような存在だ。その価値体系がてっぺんから崩れた。

墨塗りも、悲しく空《むな》しい作業だった。僕らは教科書をなめるように読んだものだ。そこに書いてあることを信じて疑わなかった。それが実は間違っていたという。ちょっと前までは、これほどの真実はないくらいの勢いで教科書の記述を読み上げていた教師が、その同じ口から、その知識については頭のなかから消せと言う。

紙の上の活字による記述に抹消線を引いて、なかったことにすることはできても、頭脳に刻印された知識を消すのは簡単なことではない。教科によっては、ほぼ全行に抹消線が引かれたものもあった。これもまた目がくらむほどの知的世界の大転換だった。

御真影を焼くという行為も僕らの心的世界を深く傷つけた。天皇陛下のために戦って死ぬことが人生の栄えある目標だったのに、その最大の権威そのものを自ら貶《おとし》めた。その矛盾がまた童心に暗い影を投げかけた。

これら一連の大人社会、教師社会の豹変《ひょうへん》、変節を見て、僕は、どうも偉い人の言うことは信用できない、ラジオも新聞も信用できない、国の言うことも信用できないと思うようになった。

ある時、教師とこんな言い合いにもなった。

「偉い人の言うことは正しいと教わってきたが、敗戦でそれは間違いだったと言う。では偉い人や年上の人の言うことに反抗してもいいということか」

「正しいと思ったら反抗してもいい」

「じゃあ、親の言うことを聞かなくてもいいのか」

「ダメだ」

「なぜだ？」

僕がしつこく問い続けるものだから、教師は怒り出して、最後は「立ってろ」だった。僕は立たされてもまだ黙らずブツブツと不満が止まらなかった。いまの僕に通じるものがあったかもしれない。

これが、僕が大人や教師の社会から裏切られて、もう絶対に信用するものかという思いを強めた第一幕だった。そして、僕の世代の多くの人たちが同じ体験をしたと思う。僕の場合は、第二幕が加わった。

当時の話を二階俊博としていたら、二階が急にべらんめえ調になって、「小学一年生の時に敗戦で、そこですべてが変わった。子どもながらに信じられねえって思ったよ」と言った。

田中角栄の「戦争を知っている政治家がいるうちは大丈夫だが、いなくなった時は危ない」という言を、二階は後藤田正晴から聞いたそうだ。

二階のことを「高齢なのに政治家現職にしがみついている」と言う人がいるが、まったく違う。二階は戦争を起こさないために、現場で監視しているのだ。

最後まで反戦を貫いたのは共産党だけ

さて、敗戦から五年後、朝鮮戦争の時だった。

戦前の教育が忠君愛国を鼓吹する教育だったとすると、戦後の教育は民主主義と平和を訴えるものだった。戦争は絶対悪だ、君らは平和のために頑張れ、むしろ、平和のために命をかけろと、教師たちが口を酸っぱくするほどに唱える日々。

ところが、一九五〇年六月、朝鮮戦争が勃発してからは、また教師たちの言うことが変わってきた。僕が彦根東高校に入学して一年の時だ。

高校で教師と議論する機会があった。その時に僕が当然のように「朝鮮戦争にも反対です」と言ったら、教師に叱られた。「馬鹿野郎。いつの間にお前、共産党に入ったんだ」と。僕は教師から「よく言ったね」と褒められることがあっても、まさかけなされることはないと思い込んでいたので、驚いた。しかも、共産党を悪の権化のように否定された。

僕が高校、大学に通っていた時、日本の政党の中で最も真っ当だと信用していたのが、共産党だった。なぜならば、彼らは満州事変から対米戦までの一連の十五年戦争に最初から最後まで反対を貫いた唯一の政党だったからだ。時の政府、軍部から弾圧されて、幹部は戦争中はずっと刑務所に入れられていた。占領軍がやってきてやっと解放された。だから、共産党だけは、占領軍を解放軍と呼んだ。

ところが、朝鮮戦争に対応して、突然米軍の対日戦略が変わって、共産党の非合法化が検討され、レッドパージが始まった。それで教師たちもまた掌《てのひら》を返した。

「お前は共産党か」

僕は本当にがっかりした。戦争反対に、共産党であるかどうかは関係ないだろう。君たちは体を張って戦争を阻止しなければならないという説教は一体どこに消えたんだ。

でも、僕はめげなかった。なお共産党に対するシンパシーは持ち続けたのだ。

印象的な風景が残っている。彦根市内のある盛り場で、レッドパージされたと自ら名乗る滋賀大学の元教授が、アジ演説をしていた。

「俺は今回パージされて地下に潜るけど、必ず帰ってくる」

カッコよかった。その不屈なありように強い共感を持つと同時に、朝鮮戦争に対して反対と言えない教師たちのダブルスタンダードに強い不快感を持った。

教師たちは僕を二回裏切ったことになる。小学校高学年から高校生にかけての思春期のトラウマは、決して馬鹿にはできないものだったと思う。権威を簡単に信じてはいけないぞ、と。

共産党に対するシンパシーも崩れた

何を信じて生きるべきか。僕のなかには、一貫して反戦を主張してきた共産党に対するシンパシーがあったことは事実だが、それもまた崩れることになる。

これはジャーナリストになってからの話だが、ソ連を訪問する機会があり、共産主義、社会主義の実態をこの目で見てしまったからだ。

僕が東京12チャンネルのディレクターをしていた時、一九六五年七月モスクワで開かれた世界ドキュメンタリー会議に日本代表として招待された。共産主義を実践している国が一体どういう国なのか、この目で見ることができる格好のチャンスでもあり、勇んで訪れた。

だが結論から言うと、僕は失望した。

まずは、入国時に僕のアシスタントとして同行していた若いディレクターがカメラを置き忘れたことに気がついた。係員に届け出ると、窓口をいろいろたらい回しされた。なかなか埒《らち》が明かない。もういいよ、と諦めようとしたら「ダメだ。中途半端に放置すると刑法違反になる」と脅しをかけてくる。こんなことが多くて、その官僚体質にウンザリさせられた。

言論の自由もない。僕は招待客だったので、これが見たい、こういう人たちと会いたいという要望を出すと、当局が便宜を図ってくれた。ある時、モスクワ大学の学生たちとディスカッションしたいと申し入れたら、学生を一〇人くらい集めてくれた。ソ連のベスト・アンド・ブライテストの卵たちだ。どんな知的で高度な論戦ができるのか、僕は期待した。

前年一〇月にフルシチョフが失脚してから九カ月たっていた。フルシチョフといえば、あのキューバ危機をケネディとともに核戦争にせず乗りきったデタント（緊張緩和）の勇者だ。僕は彼に冷戦の雪解けを期待していたので、その失脚を惜しんでいた。

そこで「なぜフルシチョフは失脚したのですか」とあえて訊いてみた。すると、皆顔が真っ青になって、黙り込んでしまった。同行していた案内役がとりなすように「もっと文化的な話をしましょう」と言うので、ドストエフスキーやトルストイの話に切り替えた。終了後、その案内役が僕にこう言った。

「ここでは政治の話は絶対ダメです」

僕は尋ねた。

「言論の自由はないのか」

彼が答える。

「そんなもの、あるわけないでしょう」

確かに、そういう目で周辺を見ると、赤い腕章を付けた公安みたいな人たちがあちこちで目を光らせている。ソ連には都合四週間いたが、似たような体験ばかりさせられた。共産主義に対する幻想が次第に崩れていくのを止めることができなかった。

相手の言うことは簡単に信じない

振り返ると、軍国少年として神国ニッポンのやってきたことこそ正義だと信じ込まされていたのが、まったくそうではなかった。戦後に民主主義を説く教師や大人たちは、神国ニッポンはどこが間違っていたか、なぜ時代が変わったかを考えているようには見えなかった。平和が絶対だと共産党の主張に共鳴したが、冷戦になって共産党はパージされ、その母国であるはずのソ連には言論の自由がなかった。

何を信じて生きるべきか。

教師や大人や権力の言うことには簡単に乗ってはいけない。反権力の牙城であった共産党も然りだ。いつどんでん返しがあるかわからない。

足をすくわれないようにするためにはどうするか。

伝聞や推定は簡単に信用しない。まずは疑ってかかる。自分で直接会って、見て、叩いて、聞いたものしか信用しない。もし自分の目で見て確認して間違っていることがわかれば、それがいかに通説になっていたとしても自分は間違っていると思うと言う。人生に対する僕の基本的なスタンスが身についてきた。相手の言うことは簡単に信じない。

でもこれは、ジャーナリズムの本来あるべきスタンスと重なってくるのではないか。いや、ジャーナリズムの精神そのものと言える。その意味では、僕らは、ジャーナリストになるべく宿命を負った世代なのかもしれない。

いずれにせよ、一次情報に執着し、直接会ってから物事を考える。政治を取材するなら、総理大臣から野党の党首まで皆に直接会う。原発取材なら、推進派と反対派の双方に会う。一次情報に幅広く直《じか》に接すること。これが僕の人生の原点となり、これはそのままジャーナリストとしての流儀となったのだ。

ジャーナリズムにとって本質的な問い

ジャーナリストの道を歩むうえで、僕が一つの武器として使ってきたのが「なぜ」を執拗に問うことだ。

なぜ、「なぜ」が武器なのか。

それは、「なぜ」がジャーナリズムにとって最も本質的な問いだからだ。

ジャーナリズムの基本はよく「5W1H」と言われる。いつ、どこで、誰が、何を、いかに、なぜ、という六つの要素が記事や報道には必要だと叩き込まれる。このなかで最初の四要素までは誰が書いてもそれほど変わりはない。時期、場所、主語、目的語たる事実は一つしかないからだ。

手段としての「HOW（いかに）」は、書き方がわかれるかもしれない。どうやってそのことがなされたかについては、見方によっていくつかの解釈があり得るからだ。

だから、最後の「WHY（なぜ）」が最も重要になってくる。それは事件であれば動機、事故であれば原因や背景という、問題が起きた時の因果関係を解明する最もストレートな問いとなる。

人間は、原因と結果をセットで認識する生き物だ。ある結果についてはその原因を探らなくては済まない知性ともいえる。つまり、動機、原因、背景を知ることによって納得を得る動物であり、そこで知り得た「WHY」は、人間社会、人類に普遍的なものとして、時代、空間を超える知恵として蓄積され、伝達される。

「WHY」にこそ、問題についての本質が宿り、その再発防止のためのエッセンスが組み込まれている。

問題は、物事の動機、原因、背景をなし、人間社会にとって極めて重要な「ＷＨＹ」が、必ずしも一つではない、ということだ。いくつかの要因が重なり、複雑な因果律のなせる結果、事件、事故となって生起してくる。

ジャーナリズムの役割は、その数ある「ＷＨＹ」のなかで、何が最も本質的なものであるかを見極めることだと僕は思っている。そのためには、相手に本当のことを言わせる取材力と、数ある情報のなかで真偽を分別する直観力が必要になる。要は、ジャーナリストのスタンスや能力によって、異なる「ＷＨＹ」が出てくる可能性があるということだ。

だからこそ、「なぜ」を問い続ける時の僕は真剣勝負だ。宮本武蔵、佐々木小次郎の巌流島《がんりゆうじま》の決闘ではないが、勝つために気迫と知恵を総動員する。

泉《いずみ》房穂《ふさほ》前明石市長にも「なぜ」攻め

何度も「なぜ」を連発する。相手側に真に自分がここだと思っている「なぜ」を洗いざらい告白させる。人によっては、ポジショントークする人、お座なり談話を発する人、思ってもいないことをしゃべり出す人がいるが、僕はそれに対しては厳しい。ここで妥協すると、真相が見えてこない。だから時々、途中でさえぎるし、怒鳴ることもある。僕のことを怖いと言っていた人たちもいたけど、それはこの「なぜ」の勝負の場面であったということを理解してもらいたい。

明石市長として市民目線の大胆な改革を成し遂げ、引退後、新たな政界キーマンと目される泉房穂にインタビューした際にも、「なぜ」で攻め続けた。なぜ、市民生活を底上げした「明石モデル」を国政に生かそうとしないのかと執拗に訊き続け、「薩長《さっちょう》同盟の坂本龍馬的な役割を誰かがしないと。薩長土肥ではないが、維新と立憲と国民とれいわあたりが組まないとどうにもならない」(『サンデー毎日』二〇二三年一〇月一五・二二日号)と、どうやら〝泉龍馬〟として日本維新の会を巻き込んだ政界再編を展望しているらしいことを聞き出せた。同席した編集者からは、「田原さんの攻撃的な『なぜ』が、泉さんにいまの政治構想を告白させるのを目の当たりにした」と感嘆されたのだが、これは僕が常に使う手法なのだ。

僕に言わせると、「なぜ」の効用は、他にもある。

「なぜ」は、会話全体を弁証法的に盛り上げる手段だとも思う。「なぜ」という問いを受けると、相手は一生懸命考える。動機、原因、背景と思われるものを自分で列挙しながら、そのなかでどれが優先順位が高いのか、本質的な問題なのか、真剣に思考し、本質を抽出しようとする。会話が一気に高度化される。それに対して僕がさらに細かい「なぜ」にわけ入っていく。そこにクリエイティブなディスカッションが生まれる確率が高い。すべてがうまくいくわけではないが、その端緒を作るのが僕の役目だと思っている。

意外や、それを躊躇するジャーナリストもいる。取材相手から、そんな当たり前のことを訊くなと言われるのを嫌がる。知ったかぶりをしたいという気持ちもあるだろうし、相手を傷つけたくないという配慮も生じる。まだわからないことを訊《たず》ねるな、とも言われる。だから、「なぜ」がくぐもって出てこない。

僕はそんなことはまったくおかまいなしだ。相手がどんなに偉い人でも、堂々と「なぜ」を連発する。「なぜ」はジャーナリズムの最大の武器だからだ。

ジャーナリストとは反骨の証明である

僕について、よく反骨のジャーナリストですねと言ってくださる方がある。質問詰めで首相を辞めさせたり、自民党のお偉いさんに対してもズケズケとものを訊いたりするからだろう。逆に、僕が政界要人らと会っているのを見て、田原さんも権力志向が強いね、いまや権力べったりだねと批判してくる人もいる。

第二章で述べたように、僕は時の政権からお金をもらうことはない。ポジションをもらうこともない。そういうことをすると、書けるものも書けないし、言えることも言えなくなるからだ。その意味では胸を張って反骨だと言いたい。ジャーナリストとは反骨の証明でもあるのだ。

この反骨、どうも子どもの頃からそういう節があった。思い出すままに振り返ってみよう。

僕の実家は商家だった。よく近江《おうみ》商人はしたたかだというが、僕の家は実に浮き沈みが激しかった。

母親の実家が繊維の紐《ひも》を作る工場を経営していたが、母の親、僕から見たら母方の祖父母が、僕が幼稚園に入る二年ぐらい前に死んでしまう。それで、僕の父親が、その母方の紐の工場を経営する。一〇人ぐらい従業員を雇っていた時期もあり、その時はそれなりに豊かだったが、小学校三年の秋に、つまり、戦時体制になって、経営が行き詰まった。いま振り返ると、戦争がひどくなり、国家総動員体制で国家資源の統制が始まっていた時代だ。民間企業にはなかなか資源が回ってこなくなった。それで工場を閉鎖せざるを得なくなった。

閉鎖してからは、親父《おやじ》は商売をするのが下手だったせいもあり、小学校五年までの我が家の家計は火の車だった。文字通り売り食いだ。家の道具を次から次に手放した。長男の僕の下に、弟二人、妹一人ができ、子どもたちにメシを食わせるだけでも一苦労だった。仏壇まで売ったのを覚えている。

仏壇を売るというのは、そこまで困っていたということで、次に売るのは家そのものというくらいに困窮していた。母親が帯の刺繍《ししゆう》をしたり、味噌《みそ》や醤油《しようゆ》を小売りして利ザヤを稼いだりして何とかしのいだが、よくぞ切り抜けたというぐらいまで追い詰められた時期だった。

ところが、戦争が終わり産業が復興した。小学校六年の時にはまた親父に仕事が回ってきた。繊維工場の施設を活用する形でメリヤスを作った。メリヤスというのは、平編み（天竺《てんじく》編み）で編んだ生地だ。伸縮性に優れ、靴下や下着類、手袋や帽子など日常衣類の多くに利用されており、戦後急激に伸びた。

滋賀県のメリヤス協同組合というのが起ち上がり、そこに我が家の玄関脇の部屋を貸すことになり、親父がメリヤス協同組合に勤めることになった。生活が安定し、中学校まで続いた。

貧しさによるバイタリティと先天的な反骨

だが、禍福はあざなえる縄のごとし。戦後もしばらくたつと、焼け跡闇市時代から少しずつ秩序が戻り、自由に資本が動き始める。民間部門の再興によって、協同組合が解散になった。で、親父が再び失業、僕が高校に入ってからまた家計が苦しくなった。

僕も高校一年からアルバイトを始めた。一つは、解散直前の協同組合の仕事の下請けのようなもので、英語で書かれた書類を大津にある占領軍の拠点にまで届けにいった。もう一つは家庭教師で、週に三回、小学生に勉強を教えていた。

その家で出るお菓子がありがたくて、食べずに家に持ち帰り、これは腹を空《す》かせていた弟や妹に喜ばれた。朝日新聞の配達もやった。アルバイト代を家に入れていた。

高校を卒業して、東京に出てからの生活も楽ではなかった。

早稲田大学夜間部（二文＝第二文学部）に通いながら、昼間は日本交通公社（現在のＪＴＢ）で働いた。交通公社の仕事が終わるのが順調にいっても一八時なので、一七時から始まる授業には間に合わない。残業があると、最後の授業開始時間の二〇時にもたどりつけなかった。

交通公社の初任給は当時五〇〇〇円だった。伯母の家への居候が食事付きで四〇〇〇円、実家に一〇〇〇円仕送りしていたから、手元にはまったく残らず、学費やその他生活費は交通公社の残業で稼ぐしかなかった。妹や弟ら下に三人いたから、正真正銘の苦学生生活だった。

親丸抱えで楽な学生生活をしているやつらが羨ましかった。腹が立ったこともある。こういった生活苦が、反骨の芽を育てた部分もあったかもしれない。

貧しさによるバイタリティというのは後天的なものだが、僕の反骨は先天的な性格だったようだ。

小学校低学年の頃だ。近所の子どもたちと集団登校した際に、五年生や六年生が下級生をいじめて喜んでいた。汚れた靴を頭の上に置けとか、靴を噛《か》めとか無理難題を吹っかけて威張っている。ある時、僕は「この野郎」と言って、いじめの首謀者的上級生の腹に頭突きを食らわせた。

別に自分がいじめられたわけではない。何かとても許せないという熱い思いが込み上げてきた。上級生に組みついたままスッポンのように放さない。相手も何か扱いに困っていたような感じだった。何度か似たようなことがあった。相手が歯を折って母親が謝りにいったこともあった。

悪ガキでもあった。中学生時代は教師いじめをした。僕は意外に勉強ができ、学級委員や生徒会役員をやっていた。教師の虎の巻（アンチョコ）をあらかじめ入手し、その中身を見て質問し、教師がアンチョコ通り答えると、しめしめと思い、今度はアンチョコでは答えられないような質問を考え出してぶつけるという周到なやり込め方だった。社会科の男性教師がいて、このやり口で責め続けたら、自信をなくして辞めてしまった。

「授業を聞いても無駄だ」とか「家で勉強した方がましだ」と、屁理屈《へりくつ》を平気で叩いて教師を困らせてもいた。当時から権威的なものに対して反発があった。敗戦時に価値観を一八〇度転換させられたことへの恨みが抜けなかったのかもしれない。大人や目上の人を追い詰めるのが好きだった。

反薩長、反中央、反出世の心意気

こんなこともあった。

母親が病気になった。いくら医者にかかっても治らないので、天理本道（現在のほんみち）という天理教系の新宗教の信者になった。母に勧められ、高校一年の僕がその本部で行われた合宿に行った。

合宿でいろいろ教えを受けるわけだが、そこでも僕はへそ曲がりの屁理屈質問を繰り返した。天理本道の教えとは、因縁を大事にせよということだった。どこの宗教もそこは同じだろうが、いまこうあるのは前世で悪いことをしたからだ、いま一生懸命お勤めすれば、今世でよくなるかもしれないし、そうでなければ来世はよくなる。

要は、母親の病気が医者にかかっても治らないのは前世で悪いことをしたからであり、いまの信心が何よりも大事だというわけだ。「人間はいい心がけをしていればいい生まれ変わりをするが、悪い心がけだと悪い生まれ変わりをする」とも言われた。

僕は反発した。

「では何で人口が増えるんですか。人が生まれ変わるだけだったら人口は増えないはずじゃないか」

「人口が増えているということは前世のない人間がいるということになる。それはすなわち、来世なんてわからないということではないか」

「心がけが悪いのになぜ平均寿命は延びるのか」

僕は質問をしまくった。

こんなことも訊いた。

「釈迦《しゃか》、キリスト、マホメットも大昔の人だが、なぜ宗教界にはその後彼らを超える偉人が出てこないのか」

「仏教界もなぜ最澄や空海を超える傑物が出てこないのか」

学校で教師いじめをしていたのと同じようなことを、ここでもかましたわけだ。最後は宗派の幹部から屁理屈を垂れるなと、ボロクソに怒られて、一カ月で追い出された。

反骨といえば、僕が滋賀県彦根出身ということもあるかもしれない。

前にも述べた井伊直弼の出身地だ。よく祖母にこう言われた。

「いまは薩長の時代だから、官僚や軍人になっても偉くなれない。だからお前は役人になるな」

薩長と対立した彦根出身で明治政府で出世した人はほとんどいなかったと言っていた。

祖母から何度も繰り返し注入された、その反薩長、反中央、反出世の心意気が、僕の体には残っているのかもしれない。

【倉重メモ】田原批判の急先鋒・佐高信《さたかまこと》に訊く

田原がジャーナリストを志した原点にはあの敗戦があった。田原はそう回想している。田原自身が軍国少年から共産主義に惹かれるまでの一八〇度の転換を経験したわけだが、時代全体を見ると、昨日まで鬼畜米英を唱えていた先生や大人たちが掌を返して民主主義と平和を連呼するようになっていた。そのいい加減さに、若者たちの魂はどれほど傷ついただろうか。田原は一九四五年の敗戦、五〇年の朝鮮戦争と二度にわたり、それを経験したことになる。

佐高信にこの時代の田原の精神形成がどうなされたのかを訊いた。

佐高は反骨の評論家。田原とは一九七〇年代に知り合って以降、半世紀にわたり交友を結んできた人物だ。田原の生き方、その論跡を最もよくウォッチしてきた一人である。田原の初期の作品『原子力戦争』や『電通』などを高く評価するが、田原が政治ジャーナリストとして権力に近づいていったことには否定的だ。猛烈な田原批判を展開したこともあり、『田原総一朗とメディアの罪』（講談社文庫、二〇〇九年）といった著作もある。

佐高が言う。

「田原さんの行跡には、墨塗り教科書世代の特有のものがある。価値観の大転換を体験した。昨日までの鬼畜が、今日の救世主だ。人が信じられなくなるというか、ちょっと待った、という気持ちを持つのは当然だろう。それは、信じているものがいつ信じられなくなるかわからないという、世の中に対して確信を抱くことへの不安につながり、世の中、そんなに簡単に納得しないぞという、すべてを疑う信条にも転化するものだと思う。田原さんは昭和九年生まれ、敗戦当時一一歳だ。ある意味、やわらかい肌に焼《や》き鏝《ごて》を当てたようなもので、それが消えなかったんだと思う」

「昭和八年生まれに永《えい》六輔、『話の特集』編集長だった矢崎泰久がいるが、共通点がある。それが過激に表れるか、穏やかに表れるかは別にして、あの世代に共通にあるトラウマだ。昭和七年生まれの石原慎太郎も実は近似する世界を持っていた。慎太郎が死に、その追悼番組を見たが、ほとんど田原さんがしゃべっていた。イデオロギーを超え、あの戦争をそういう形で経験せざるを得なかった者同士の共通点を深く感じさせるものがあった。あの世代には、客気というのか、永遠の青年のような、妙な言い方だが少年みたいな純真さがある。年を取らない」

すべてを疑えとは、右も左もぶっ飛ばせということか。

「田原さんが何か確信を持って、自身の全仕事をやっているとは思えない。世代的に揺るがされて、自分のなかでも揺らいで、揺らぎの感覚はずっと残っていて、逆に確信を持っている人を揺るがせたいという気持ちがあるのではないか。それが疑いに発する田原流ジャーナリズムのような気がする」

絶対的なものへの懐疑を武器にした田原流ジャーナリズムに対する、佐高独特の見方である。

第四章　不条理の世界に対峙する

——右も左もぶっ飛ばすジャーナリストの誕生

僕がジャーナリストになった理由を、戦争体験など来歴に即して前章で語ったが、もう一つ、身も蓋もなくシンプルな経緯がある。それは、僕は小説家になれなかったから、ジャーナリストになったとも言えるのだ。

僕の小説家願望は強いものがあった。それは中学生時代から芽生えていた。文学の素養がありそうな教師に、小説家になるにはどうしたらいいかと尋ね、まずは良書を多読すること、好きな作家を決めてその文章を書き写すこと、というノウハウを教わった。

影響を受けた森鷗外の「ドロップイン」

倉田百三や山本有三を読み、小説めいたものを書いた。その中の一本『憧れの甲子園』という作品がまだ手元に残っている。古い資料を漁《あさ》っていたら出てきた。僕にとっては捨てることのできない、思い入れのある処女作だ。

ストーリーは、四国に生まれた野球少年が、空襲で家族を失い東京の伯父を頼って上京、野球部に入って甲子園を狙う野球青春物語である。いま読んでみても懐かしい。ちゃんと挿絵も添えてある。

僕は野球少年だった。放課後になると毎日のように草野球を楽しんだ。ちゃんとした道具があるわけではない。木を削ってバットを作り、石に布を巻いてボールを作り、グローブは母に縫ってもらった。

だから自分の体験をベースに小説を書いたのだと思う。

高校時代になるともっと本格的になる。友人たちと「文学界」というサークルを結成し、校舎一階の階段下にある部室で、よく皆で文学論議を戦わせた。『草笛』という同人誌も出し、僕も何本か出品した。書いただけで満足するという感じで、お互いに厳しく論評し合うところまではいかなかった。

作家では、芥川龍之介と森鷗外を読んだ。日本文学の王道だ。僕は芥川よりも鷗外の方が好きだった。鷗外は軍医で、軍医総監にまでなる。体制内にいながら、書くことは非常にラジカルだった。平気で天皇批判までやっていた。その後、ドロップアウト（社会や集団や組織から落ちこぼれたり、管理社会に収まらなくて枠の外に出たりすること）という言葉がはやったが、僕はあえて、鷗外の生き方を「ドロップイン」と名づけた。組織のなかに残るが、そのなかで自由に反骨に生きる。この生きざまには憧れたものだ。

テレビディレクター時代には、当時の全共闘運動に呼応するように反権力路線を取っていた。ライターとして、あるいは「朝生」「サンプロ」のコーディネーターとして、権力中枢に近づき、そのなかで権力に正対していくという立場にシフトしていったのは、鷗外の「ドロップイン」の影響を受けたのかもしれないといまでは思っている。

文才のない人間が一生懸命やるのは徒労

石川達三や丹羽文雄《にわふみお》ら、早稲田出身の作家も好きだった。なかでも石川達三の『四十八歳の抵抗』という小説はいまでもよく覚えている。定年が五五歳時代の話だ。家庭を持ち、何不自由ない毎日を送っている会社員の主人公が、定年退職を前にして自分の人生に突然後悔と不安を感じ、日常への「抵抗」を試みていくという物語だ。

書名が流行語にまでなったヒット作だった。僕は一六歳になった時、日記に「もう一六年も生きてしまった」などと気障《きざ》なことを書いたが、この小説の影響を受けていた。主人公と同じく、空しく安直に人生を生きてしまったことを反省し、さあ反転攻勢だという意味を込めていたと思う。

つまり、小説を読むということは、僕の生き方に直結していた。何としても作家になりたいという気持ちは、人生のテーマそのものとして、もう止めようもないところまで来ていた。

というわけで、家族に無理を言って、作家の登竜門と言われていた早大文学部に入ったのだ。でもお金がないから、最初の三年間は早大二文で、昼間は働いた。

三つくらいの同人誌に同時加入し、習作は二〇作ぐらい書いた。夜寝るのも惜しんでコツコツと書いた。僕の狙いはしかるべき文学賞を取って、作家デビューを果たしたら、大学は中退することだった。

ただ、どの同人雑誌でも、僕の作品への評価はいずれもよくなかった。何とか仲間に褒められたい、文才を少しでも認めてもらいたいと勝負をかけているのに、いいと言ってくれるところは一つもなかった。某同人誌の先輩の一言はいまでも脳裏に刻まれている。

「努力というのは、文才のある人間が一生懸命やることであって、君のような文才のない人間が一生懸命やるのは努力とは言えない。それは徒労と言うんだ」

これには参った。僕はその頃、これだけ努力していますと言いつのり、何とか評価を得たいと必死だったと思う。いまからしてみれば、僕に無駄な努力をさせなかった、早々と小説家を断念できた、という意味ではありがたい一言だ。

故郷を捨て、東京で一旗揚げようと頑張ってきたが、才能という大きな壁にぶつかったわけだ。

石原慎太郎と大江健三郎という同志

これに加えて、決定的なことが起きた。

石原慎太郎と大江健三郎の登場だ。僕は、彼らの小説を読んでしまった。

作品のモチーフは、僕も石原も大江も変わらないと思った。世の中に異議申し立てをしたい若い人たちを主人公に、時代との葛藤を描くというものだ。だが、小説家としての想像力と構想力と筆力の差はいかんともしがたい。

石原とは、上京の二年後、交通公社の仕事で外回りしていた際、兜町《かぶとちょう》の本屋で出合った。「石原慎太郎『太陽の季節』文學界新人賞」の短冊がぶら下がっている。つい立ち読みし、一気に全部読んでしまった。情景がありありと浮かんでくる筆力と、若者の風俗最前線を行く巧みな時代描写力に、これはかなわないと万歳せざるを得なかった。弟の裕次郎をモデルにしたとも言われる話だった。だからリアリティがあった。

大江には、独特の思想があった。僕から言わせると、サルトルの実存主義思想が行間に息づいていた。『死者の奢《おご》り』や『飼育』も印象深い作品だ。その類《たぐ》い稀《まれ》な想像力、文章力にも圧倒された。

僕が作家としてなぜダメなのかがはっきりわかった。僕には彼らのような想像力がない。事実の探求に対しては執念深いが、小説家、つまりフィクションを作り上げる作業において最も重要なイマジネーションが決定的にないことに気づかされたのだ。もちろん文才も月とスッポンだ。完敗だった。

二人の作品を読んで、小説家志向は完全に挫折した。逆にそこからジャーナリストへの道が開けてきた。ある道の完全否定は、別の道への全肯定につながる。僕のなかでそのチェンジマインドが起きたわけだ。若い人に知ってほしいのは、自己否定は必ずしも悪いことではない、それは新しい道を求めるきっかけにもなり得る、ということだ。真面目な話、僕の場合はそうだった。

二度目に結婚した女房の村上節子が僕の早稲田時代の同人雑誌を読んでつくづく言ったものだ。

「あなたは、作家にならなくてよかったわね」と。まさにその通りだったと思う。石原や大江のおかげで、僕はいつまでたっても夢を追いかけるようなことをしなくて済んだ。

石原も大江も僕と同じ墨塗り世代だ。戦争末期とその後の価値観のコペルニクス的転回のなかで、それぞれに大きなトラウマを抱えながら生き抜いてきた同志だ。二人はその時代的宿命を文学の世界で表現した。石原は政治の世界にもそれを持ち込んだ。僕はそれをジャーナリズムの世界で活《い》かしてきた。そんな言い方もできると思う。

二人とも死んでしまったけれど、僕はあの二人に対しては、その並外れた才能と、僕に余計な悪戦苦闘をさせずにジャーナリストへの道に導いてくれた恩義に、いつも手を合わせるような気持ちでいるのだ。

ジャーナリスト生活には実存主義が生かされた

さて、大学で作家を諦め、将来の目標をジャーナリストに変えた。新聞社かテレビ局に入らなければならない。そうなると、やはり大卒でないと無理だ。早大二文は在籍こそしていたものの、小説書きと昼間の仕事でほとんど単位を取っていない。四年生になるのを待たずに、一文に入り直すことにした。

必死で勉強し、一九五六年四月には何とか早大一文国文科に入学できた。ここでも苦学生活は続いた。授業料は育英会の奨学金をもらうことができたが、伯母の家への居候代月四〇〇〇円と実家への仕送り月二〇〇〇円（倍になった）は自分で稼がなければならない。

あらゆるアルバイトをした。

電通の下請けでマーケティングリサーチもした。電器店を回ってどういう電気製品が売れるのか、アンケートを取る仕事だった。白黒テレビ・洗濯機・冷蔵庫の家電三品目が三種の神器と言われた時代である。

業界新聞の配達もしたことがある。朝四時に起き、まだ暗いうちに僕が住んでいた上野から自転車で浅草まで行き、四時半から八時まで三七種類の業界新聞を配達した。アルバイト料は一日二〇〇円で、月五〇〇〇円になったから助かった。

不思議な縁もあった。このアルバイトの前任者が作家の五木寛之《いつきひろゆき》で、後任者がこれまた作家の後藤明生《めいせい》であった。いずれも後からわかった話である。

一文時代にもよく本を読んだ。ドストエフスキー、ショーペンハウエル、ニーチェなどを読んだ。日本の作家では伊藤整《せい》や椎名麟三《しいなりんぞう》などを好んだ。

でも一番熱心に読み込んだのは、サルトル、カミュ、ヤスパースなどの実存主義哲学だった。自ら選んだわけでもない不条理の世界に投げ込まれた人間が、それを宿命として受け止め、今度は現実社会に自らを投入、参加（自己投企＝アンガージュマン）させて、現実と関わっていく、という考え方だった。

意図せず不条理の世界に投げ込まれた、というのが、僕らの世代が共通して体験した価値観大逆転の世界と重なって見えたし、アンガージュマンという社会参加の仕方が、森鷗外の「ドロップイン」に通じるものがあるように思えた。意外かもしれないが、その後の僕のジャーナリスト生活に、実存主義が生きてくるのだから不思議なものだ。

僕が思いきりよくタブーに挑戦するとか、誰彼わけ隔てなく、一国の首相からテロリストと言われた人たちにも直接会いにいくのは、この自己投企の哲学の自己実現という意味もあるのだ。

一文での卒論は「鷗外をめぐる女たち」にした。『舞姫』のエリスから始まり、実の母親、留学時代の恋人、二人の妻といった女性たちに翻弄された鷗外をテーマにし、闘う家長というイメージの強い鷗外の別の顔を描いたものだ。色気のある文学論として面白いものが書けた自信作だったが、紛失してしまい、いまは手元にない。

戦後民主主義の一つの焦点にして帰結

アルバイトと読書に明け暮れた一文生活も終わりを迎える。いよいよ、ジャーナリストの卵として社会に旅立っていく局面だ。二文、一文と早大文学部国文科でなんと七年過ごしたことになり、大学への未練はなかった。一刻も早くジャーナリズムの最前線で働きたい。気持ちがはやっていた。

だが、そこで僕は三度《みたび》の屈折を味わうことになる。

メディア以外も含め、一〇社受けたが、ことごとく落ちてしまった。朝日新聞、NHK、東京放送（現在のTBS）、日本教育テレビ（現在のテレビ朝日）、北海道放送なども受けたが、箸にも棒にもかからなかった。これにはがっくりきた。作家はなるほど才能がないということがはっきりしていたが、ジャーナリストとしてはそれなりの抱負、自信があったから、挫折感も深い。

最後にチャレンジしたのが岩波映画だった。そして僕は、そこに拾われた。

いま思うと、僕みたいな粗忽者《そこつもの》、乱暴者を、あのインテリの巣窟とも言える岩波がよく採ってくれたと思う。僕はそこで映像のイロハを教えてもらっただけではない。戦後民主主義の一つの焦点にして帰結、時の政治権力に対抗する大衆運動のヤマ場を目撃することができた。

言うまでもなく、「六〇年安保闘争」だ。

さて、岩波映画の試験は以下のようなものだった。

まずは、岩波映画の自作映画を視聴し論文を書くという課題では、その映画をこっぴどく批判することで乗りきった。批判精神を試したのだろう。その後面接が二回あり、三次面接が最終だった。

ここで僕はまた乱暴なことをしてしまう。朝九時から始まった面接の順番がなかなか回ってこない。昼になり、腹が減った。これだけ待たせるんだから昼飯でも出してもらいたいと会社側に要求した。待っている他の学生たちにも聞こえるような声で言って、一人だけ賛同者を得た。

これがのちに劇作家になる清水邦夫だった。彼は学生時代から劇団で芝居の脚本を書いていたので、自信があったのだろう。僕は自信はなかったが、開き直った者の強さがあり、二人で要求したらラーメンが振る舞われた。全部で一〇人くらい残っていたが、清水と僕の二人が結果的に採用された。あのラーメンは忘れられない味だった。

安保闘争の国民的エネルギーは何だったのか

そうこうするうちに面接が回ってきて、僕は森鷗外論をぶった。持論の「ドロップイン」論だ。インテリゲンチャの一つの生き方として、肯定的に語った。岩波との関連で言えば、卒論を執筆するために、わざわざ岩波書店本社まで赴いて鷗外全集を買ったことも話した。同時に、時代批判も欠かさなかった。このままでは日本は再び戦争に巻き込まれるだろう、と。受かったのは、岩波映画のカラーに合うと思われたのだろう。

岩波映画には三年半お世話になったが、最初は失敗ばかりだった。

撮影助手ということで仕事を始めたが、生来の不器用さからカメラを取り落としそうになったり、フィルムの詰め替えに失敗して途中で絡んでしまったり、とんでもない役立たずだった。最初の現場は五〇日で体《てい》よくお払い箱になった。皆がマージャン卓を囲んでいる時、一人サルトルの『存在と無』を読んでいて、「そんな本を読んでいる暇があったらロケ車でも洗え」と怒鳴られたこともあった。

だが、総じて皆よく面倒を見てくれた。のびのび育ててくれたと思っている。

特に、政治運動については、岩波映画ほど寛容な職場はなかったのではないか。

僕が入社したのは、まさに六〇年安保の年だった。世は騒然とし、革命前夜というムードがあった。

岩波映画は社員のほとんどが左翼、社長も社員と一緒にデモに行くという雰囲気だった。僕も連日デモに参加した。会社から数十人で隊列を組んで国会まで出かけた。右翼に殴り込まれたこともあるし、新宿駅に行って線路の上に座り込んだこともあった。

六月一五日には樺《かんば》美智子が亡くなった。この日も僕はデモに行き、社に戻った時に、東大の学生が殺されたという一報が入ってきた。さっそく引き返すと、東大の学生たちが国会南門の前に座り込んでいた。機動隊の催涙ガスが炸裂《さくれつ》して目が痛んだのを覚えている。

四日後、六月一九日には新安保条約が自然成立した。僕はこの日もデモに参加し、国会前で座り込んだが、予定された時間を過ぎ、自然成立が確定し、クソッと地団太踏んで悔しがった。そこで僕の安保闘争は終わった。

あの時の国民的エネルギーは何だったのか。敗戦後まだ一五年。戦争の惨禍を国民全体が共有していた時代だ。日本が少しでも過去の戦争に近づくようなことは絶対に許さないという国民の強い意志があった。また、安保改定により、ますます日本が対米追従になるのではないかというナショナリスティックな反発もあった。

天皇制にも米国にもとらわれない日本の主体性とは

ただ、それだけ大きな国民運動ではあったものの、一方では、時の岸信介首相が指摘したように国民のなかには後楽園で野球観戦を楽しんでいる人たちも大勢いた。安保改定の中身をきちんと把握せずに反対運動に参加した人たちもいた。

実は僕もその一人だった。吉田茂が絡んだ安保条約も、岸が改定した後の条文も読んだことがなかった。サルトルの実存主義に夢中だった僕には、関心を持てる領域ではなかった。「A級戦犯だった岸が改定するんだから悪いに決まっている」という先入観だけで運動に参加していた。

その後安全保障に興味を持って勉強し直して、僕は驚いた。岸の改定条約は、吉田の安保条約からの改善点がいくつもあるのだ。吉田の時はまさに不平等条約そのものだった。日本を守るという条項がなかったし、日本の内乱に対する米国の介入権まで書き込んでいた。岸改定版では、米国の日本防衛義務を書き加え、内乱条項も廃棄、事前協議制の導入により、米軍装備に大きな変更がある場合には事前に日本と協議する義務も書き込まれていた。

もちろん、事前協議制はその後一度も発動されておらず、有名無実ではあるが、少なくとも制度的には改善されていた。そんなことも知らずに僕らはデモをしていた。たぶん僕だけでなく、多くの人がそうだったと思う。

西部邁《にしべすすむ》にそのことを訊いたことがある。「あんた、ちゃんと条文読んでいたのか」と。西部の答えは「そんなもの、読むものか」だった。西部は当時東大自治会の戦闘隊長としてデモの先頭に立って旗を振っていた男だ。彼でさえそうだった。

六〇年安保での体験が、日本の左翼大衆運動に対する疑念を生むきっかけになった。その後六五年に訪ソしてソ連の実態に失望したことは書いた通りだ。

僕のたどった軌跡から言うと、左右の思想潮流への印象は以下のようになる。

かつて、天皇制右翼思想が日本を破綻の淵にまで追い込んだ。戦後の日本人は、そのことに対する真摯な総括、反省もないまま、一夜にして米国に与えられた戦後民主主義なるものに浮かれた。僕としては、保守陣営に対する疑問に加え、戦後民主主義を謳歌《おうか》していた左翼・リベラル陣営に対する疑問も抱き始めた。

つまり、右も左も信用するにあたわず、右も左もぶっ飛ばせ、という心境だ。そういった思いがだんだんと僕の中心軸になっていった。天皇制にも米国にもとらわれない日本の主体性というのは一体何なのか。このこだわりが僕のライフワークたる安保主体性論につながっていく。

テレビのスピード感に魅力を感じ始めた

岩波映画の話に戻ると、「たのしい科学」など、いくつか科学番組を作った。撮影助手からシナリオ作りもやらせてもらい、賞をいただくまでになった。

そこで映画からテレビの世界に移る転機がやってきた。

日本教育テレビの幼稚園児向け番組担当の女性ディレクターと知り合いになり、番組の構成を頼まれ、思いつきを話したら、そのシナリオを書いてくれと言われ、「いつまでか」と訊けば「今晩です」と言う。「で、本番は?」と訊くと「あさってが本番」と言う。

正直言って驚いた。テレビとは、こんないい加減な世界なのか。岩波映画では、企画は何度も練り直し、台本だって三回も四回も書き直しになる。ところが、テレビは思いつきで言ったことが、すぐ映像になる。

いい加減な世界だと思うと同時に、こんな世界なら何でもやりたいことができるんじゃないか、新たな可能性がたくさん隠されているんじゃないかと思った。映画作りの大変さ、テレビの安直さとスピード感を知れば知るほど、テレビの世界に魅力を感じ始めた。

その時ちょうど、東京12チャンネルが開局することになる。岩波映画で僕を鍛えてくれた渡貫敏男プロデューサーのところに東京12チャンネル幹部が来て、番組作りの相談をした。渡貫が僕に「科学番組ではなくて、本格的なドキュメンタリーを作ったらどうか」と、東京12チャンネル入りを勧めてくれた。

一九六三年一〇月、たぶん渡貫のコネ採用だろう、東京12チャンネルへの入社が決まった。優しく僕を育ててくれた岩波映画よさらば、であった。

【倉重メモ】猪瀬《いのせ》直樹が田原と石原慎太郎を解く

田原がジャーナリストを志向したもう一つの因子、小説家断念については、作家で参議院議員の猪瀬直樹が解説してくれた。猪瀬もまた田原とは長い付き合いだ。猪瀬が信州大学の全共闘議長をしていた時に田原が東京12チャンネルディレクターとして取材に来たことがあった。「朝生」の常連でもある。

猪瀬はこう解く。

「田原さんはもともとは文学青年だったが、石原慎太郎が出てきて、その二年後に大江健三郎も登場し、もう俺はダメだと、作家としてとても太刀打ちできないということで、早く諦めた。それがよかった。自分の才能がどこにあるのかということを見極めるのが才能だ。自分のことがわからないまま、作家になりたいと言っている人がいるが、自分の得意な領分を見つけるのが才能だ。田原さんはそれを見つけた人だ」

猪瀬は田原、石原の共通点にも言及した。都知事の後輩として自ら接してきた石原について書いた『太陽の男　石原慎太郎伝』（中央公論新社、二〇二三年）を上梓《じょうし》し、石原の作家としての特質を「価値紊乱《びんらん》」の筆力と捉えた。

「石原さんがよく言っていたのは、先生の言うことが一夜でがらりと変わったことの不条理だった。そこが田原さんとの世代的共通項だ」

「石原さんは、湘南中学一年の時に米軍の機銃掃射を受けている。終戦直後に極東軍事裁判を下駄をはいて見にいって、米兵にその下駄を蹴っ飛ばされたという屈辱的な経験も持っている。石原さんより田原さんは二歳下だが、『価値紊乱』の手法では共通点がある。田原さんがジャーナリズムの世界で世の価値観を揺さぶっていくのに対し、『太陽の季節』でデビューした石原さんは小説の世界でそれを行った」

はからずも、佐高と猪瀬が同じように、田原、石原ら戦中派世代に当てられた焼き鏝が、彼らをして世代的な価値紊乱の体現者にならしめた、と分析する。

田原のその屈折を経た価値紊乱の魂は、ジャーナリズムの世界に解き放たれ、一体どこに向かったのか。テレビマンとしての田原、ライターとしての田原、活字と映像を自在に扱うようになった田原をさらに追いかけてみたい。

第五章　映像の過激派

――テレビの限界を超えたドキュメンタリー

僕の人生を振り返ってみると、東京12チャンネル時代の充実ぶりはやはり特筆すべきものがあったと思う。小説家を目指して断念し、ジャーナリストを志願したけれど、ことごとく入社試験に落ち、やむなく入った映画の世界で、ようやく映像の面白さがわかりかけてきた頃にテレビ界へ転職することになった。

ジャーナリズム志向は、何も新聞や雑誌など活字の世界の特権ではない。テレビもまたドキュメンタリーという分野でいくらでも勝負できる。活字とはいずれまた向き合わなければいけない時代が来るだろう。それまでは、まずテレビという世界で映像を自在に駆使できるドキュメンタリー作家になる道が開けたと前向きに考えた。まだ僕も二九歳、若い力がたぎっていた。

「朝生」はプロレス的エンターテインメント

もともと、テレビの世界に関心がなかったわけではない。

日本でテレビ放送がスタートしたのが一九五三年二月だから、僕はすでに青年期を迎えていた。テレビにはすぐに夢中になった。やはりプロレス、力道山だ。彦根市内の一番の繁華街にテレビが置いてあったので、それを見にいった。プロレスとか相撲の時間帯は、人が群がったものだ。

力道山が日本プロレスを創設して、一九五四年、シャープ兄弟を日本に招請した。シャープ兄弟との試合での力道山のパートナーは、戦前戦中に日本柔道史上最強と謳われた木村政彦だった。あの時はかぶりつきで見た。

力道山が素晴らしかったのは、米国のでかいレスラー相手にあの空手チョップで勝つところだった。日本は戦争に負けて、米国に途轍《とてつ》もないコンプレックスを持っている。その何より強い米国、しかも、反則ばかりやってくる米国のレスラーを、力道山はなぎ倒した。そこに戦後の日本の大衆を熱狂させるものがあった。

もちろん、プロレスにはショー的要素もある。米国に行けば、日本人レスラーが悪役になった。暗黙のうちに定められた一つのストーリーがあり、それに沿って闘いが進み、しかし生身の人間の格闘だから時々ハプニングが起きる。その物語性と偶発性がプロレスの魅力だった。力道山は誰よりそれを知っていた。敗戦後の日本の時代を見極めながら、プレイヤーでありつつプロデューサーとして、プロレスを盛り立てた。

テレビはプロレスの最もおいしい部分をあますところなく見せるツールだったのだと思う。

プロレスが登場してからのテレビの普及率はすごかった。ある意味、テレビとプロレスは二人三脚だった。プロ野球も大衆を魅了、テレビ普及に寄与したが、プロレスほどの相性はなかったのではないかと僕は思っている。

実はプロレスは僕との相性もよかった。「朝生」で渡辺宜嗣《のりつぐ》とともに総合司会をしてくれたアナウンサーの長野智子がこう言っていた。

「最初に私が『朝生』で感じたのは、ここはプロレスのリングに似ているなということでした。『カーン』とゴングが鳴ると同時にプレイが始まる。次のゴングまでにプロレスをどう面白く見せるか。そこにディレクターとしての田原さんが存分に力量を発揮する、そういうスタジオでした」

指摘されてみて、そうか、と僕は思った。僕の討論番組は、確かにシナリオがあり、ハプニングがあり、エンターテインメントがある。ゴング間の死闘がある。いかにその闘いを面白く見せるか、演出するか、そのディレクター役、レフェリー役を僕がやっているというわけだ。逸脱や反則も5カウント取られなければ許されるから、そのあたりのさじ加減も僕次第だ。ドキッとしたね。いいところを見てくれている。

時にはやらせ的な演出もいとわず

僕がテレビの世界で最初に取り組んだのは、ディレクターとしてドキュメンタリーを制作することだった。

当時、テレビドキュメンタリーは、NHKの吉田直哉らの「日本の素顔」、日本テレビの牛山純一の「ノンフィクション劇場」、村木良彦、宝官《ほうがん》正章らのTBSのドキュメンタリー番組などが主流で、開局したての東京12チャンネルは、まさにインディーズ的存在（マイナーな独立系）で、「テレビ番外地」とも呼ばれていた。チャンネルを「12」まで回す人はあまりいないよね、と。

僕が東京12チャンネルに入ったのが一九六四年一一月で、辞めたのが一九七七年一月だから、一二年二カ月勤めたことになる。

いまのテレビ東京はいい会社だが、僕が入った頃の東京12チャンネルでディレクターを務める者には三重苦があった。

第一に、制作費が格段に安い。TBS、日本テレビなどに比べたら三分の一、まさに月とスッポンだった。特に最も大きなウエイトを占めるフィルム代の節約がキツかった。ある時NHKの担当者に「どれだけフィルム使うの？」と訊いたことがあるが、その答えは「わからない」だった。要は制作費のなかに入らず別勘定だと。羨ましいと思った。

第二に、いくらいい企画を考えても、それが通らない。なぜか。スポンサーが付かない。自分でスポンサーを見つけなきゃいけない。これに手間暇がかかった。

第三に、自分でスポンサーを見つけてきて作品を作っても、局自体が「番外地」扱いされており、なかなか視聴率が取れない。

となると、普通にやっていけば、安い制作費と非力なスポンサーで、誰も見てくれない、誰からも問題にされない番組を作らざるを得ない。僕は、それを逆手に取った。視聴率を稼ぎ、スポンサーを呼び込むためには、他局が絶対やらないようなものを作る。NHKや全国ネットの民放各社と勝負するには、彼らがやらないことをやるしかなかった。

つまり、過激な題材を元に、時にはやらせ的な演出もいとわず、その結果としてスタッフ、出演者、関係者に生じる葛藤までを、すべて撮影するという手法を取った。

それで作ったのが「ドキュメンタリー青春」という企画だった。まずスポンサーとして東京ガス一社提供という枠を取り、週一回三〇分番組で、僕を含め四人のディレクターが交代で演出することにした。

ラジカルでアナーキーな題材ばかりを選んだ

僕はこの番組作りに全身全霊を賭けた。大新聞の活字報道などが捉えきれないさまざまな社会問題、事象、人物を、映像の世界で表現しようとした。ドキュメンタリーは、その客観性や中立性以上に、制作者の主観や世界観を前面に出せる、そこで勝負できるものがある、と手ごたえを感じた。

スポンサーと視聴率さえあれば何を取り上げ、どう料理してもいい。僕は確信犯的に、ラジカルでアナーキーな題材ばかりを選んだ。それが時代の求めているドキュメンタリーだという確信があった。六〇年安保後の、大学紛争や全共闘運動がさかんな過激な時代であったこともある。

僕は次々に新企画を提案した。毎回、話題性のあるもので、それなりの視聴率を稼げるものばかりだったので会社も文句は言えなかった。その代わり僕はいわゆる会社付き合いをしなかった。会議にも出ないし慰安旅行にも行かなかった。協調性ゼロ、昇進もなしだ。同期が課長や部長職になるのを見ながら、僕は退社するまでずっと平社員扱いだった。

ただ、この時の仕事への集中が、僕にとっては、この上ない経験になった。納得のできる番組をいくつも作ることができた。いくつか思い出深い企画を挙げてみたい。

一つは、特別少年院に入所している少年のドキュメンタリーだ。

これは、録音担当の安田哲男の提案だった。「田原ちゃん、究極のドキュメンタリーを作らないか」と言う。僕が、「究極のドキュメンタリーって何だ?」と訊き返すと、安田は、「神奈川県久里浜に特別少年院というのがある。特別少年院は少年院をあちこち回ってきた少年が入る監獄みたいなものだ。ここに入所している少年を、少年院のなかから撮り始め、出てきて更生するプロセスを撮ろうじゃないか」と言う。

僕が「そんなの、できっこないよ。少年院出身だと言わないから更生できるんであって、番組で少年院出身だと紹介したら更生できるわけがない」と反論すると、安田に「意気地なし。俺はもう、手を切るぞ」と罵倒された。そこまで言われて黙っている僕ではない。

僕らの企画はそんなものばかりだった。誰かが発案する、反対あり、賛成あり、喧嘩腰《けんかごし》の議論あり。まだどこもやっていないものをあえてやるというところに最大の価値を置いた。困難であればあるほどやる気を刺激された。それが僕らのプロ意識だった。

少年院出所後の更生を描く

仕事は、すべてどういうコネを頼るか、から始まる。僕は、安田が親交のあった羽仁進《はにすすむ》監督『不良少年』（一九六一年）の協力者で、少年たちの更生を助ける活動をしていた女性を介して、久里浜にある特別少年院の院長を紹介してもらった。

院長の元に何度も通い「入所している少年が更生していくプロセスを撮りたい。出所する時点で二〇歳になっていて、親が引き取らない少年を紹介してほしい」と取材協力を求め、ＯＫを得ることができた。

取材対象に選ばれたのはＭという少年だった。Ｍは何度も少年院への出入りを繰り返していた。最後はタクシー強盗で久里浜に入所していた。僕はＭに対しても「君のことを撮りたいんだ」と、何度も口説いて、本人の了承も取りつけた。

Ｍが出所した後の引き取り手の問題も解決しなければならなかった。Ｍを出所させるためには、きちんとした引き取り手か保証人が必要だった。僕は、大阪に住むＭの親にも会いにいき、引き取る気がないことを確認した。

では誰が引き取るのか。ここで言い出しっぺの安田が、「田原ちゃんじゃ無理だから、俺の家で引き取る」と、手を挙げてくれた。いくつものハードルをクリアでき、いよいよ撮影の段取りとなった。

撮影は、出所が決まったＭが院長の訓示を受けるシーンから始めた。院長からはＭが少年院にいたことがわかってしまうと言われたが、訓示をしている院長の背中から撮って、M本人は顔が判明しないようにする、僕が全部責任を持ちます、と納得してもらった。

更生までを描くということで、ここからがまた一山も二山もあった。

Mに、出所後に何になりたいかと訊くと、調理師になりたいと言う。僕は都内の調理師学校をしらみ潰しに当たり、少年院出所後の少年を受け入れてくれないかとお願いした。ある新宿の調理師学校が手を挙げてくれた。寮完備、学費、寮費、食費無料の特待生制度があり、窓口の教頭に会いにいき、Mの特待生扱いを何とかOKしてもらった。

学校側もテレビでのPR効果を期待したのだろう。当初はMが少年院出身であることを隠すことが条件だったが、ハプニングでMがそれを皆の前で告白することになり、結果的に皆に受け入れてもらうことができた。僕の狙い通り、見事な更生ドキュメンタリーになり、番組は「出発（その一）　少年院を出たMの場合」（一九六八年一一月一七日放送）、「出発（その二）」（一九六八年一一月二四日放送）と二度にわたり放送された。

実は映像にはならなかった後日談もある。

Mとその少年院仲間からお金の無心を受けたのだ。僕らが彼らを好き放題映像で使いまくった対価として一〇〇万円よこせというものだった。何度か呼び出され、テレビ局にまで押しかけられた。当時の僕の月給は八万円ほどだったので、とても対応できない。彼らが来るたびに手持ちのカネを渡すことでその場をしのいだが、そのうちに彼らも諦めたのか、飽きたのか、来なくなった。

警察に通報はしなかった。リスクは覚悟のうえでの撮影だったし、自分が蒔《ま》いた種は刈り取らねばという気持ちの方が強かった。

やらせの同棲《どうせい》から本当の恋人に

「わたしたちは…… カルメン・マキの体験学入門」（一九六九年二月二日放送）も印象に残っている。

誰か絵になる若い人はいないかと、詩人で劇作家の寺山修司に相談したら、彼が率いる劇団「天井桟敷」の女優のカルメン・マキを紹介してくれた。

カルメン・マキが「私は架空の日記を書いている」と言うので、それを見せてもらったら、「恋人と三畳の部屋で同棲中」と書いてある。

この架空の世界を現実化、カルメンに誰かと同棲してもらい、その生活の変化をドキュメンタリーとして追いかけていったら面白いんじゃないかと思った。当時、若い人たちの間で、同棲が一つの生活スタイルとして広まっていた。上村《かみむら》一夫の人気漫画『同棲時代』が『漫画アクション』に掲載されたのが一九七二年から七三年にかけてのこと、同棲生活を歌ったかぐや姫の「神田川」のシングル盤が発売されたのが七三年だから、僕の感性は若干その先を行っていたことになる。

僕は、カルメン・マキの相手を探し出す。同じ劇団にいるがまったく付き合いのなかった若い男優に目を付け、東京・荻窪《おぎくぼ》にまさに三畳一間のアパートを借りてやり、恋人同士という設定で同棲生活を始めてもらった。

二人ともその企画を面白がってくれて全面協力だったが、そのうちに本当の恋人同士になってしまう。まさに、カルメン・マキが書いた架空日記の内容そのままに、ろうそくの火の下で裸になってパンを食べたり、歩道橋の上でキスをしたり、二人で海へ行って愛し合うという画を撮り、ドキュメンタリーとして編集した。やらせが真実になっていくという面白いものができた。

これも後日談がある。カルメン・マキは、これまた架空日記の内容通りに歌手にも挑戦、寺山修司が作詞した「時には母のない子のように」という曲をCBSソニーに売り込んだ。これが爆発的にヒットした。

僕は、カルメン・マキがオーディションに参加したり、歌を録音したりする様子なども密着取材し、その年末、NHK紅白歌合戦に出場するところまでを撮影し、改めて、ドキュメンタリー「ある告白　カルメン・マキの二年間」（一九七一年二月一七日放送）にした。

二つの作品の制作過程からは学ぶことが多かった。誰もが無理だと言うことも意志と執念があれば突破可能だということ、何度も誠意をもって説得すれば人を動かすことができるということを教えてくれた。

少年院の方は、後日談もまたドキュメンタリーにしたらどうなっていたか。そんな思いも残す、僕にとっては記念すべき仕事だった。

騒乱の中で山下洋輔がジャズを弾いた

一九六九年に作った「バリケードの中のジャズ　ゲバ学生対猛烈ピアニスト」も話題になった。

六八年に東大闘争が始まり、学生運動の猛烈な波が全国のキャンパスを覆っていた。どこの大学も立て看板が林立し、バリケードが築かれていた。

この時代に、政治闘争と芸術とはどういう関係にあるのか。芸術は政治闘争のなかに埋没するだけなのか、あるいは政治闘争をも凌駕《りょうが》する何かなのか。

そんなテーマ設定を頭のなかで転がしている時に、当時から天才ジャズピアニストと言われていた山下洋輔に「どういう状態でピアノを弾きたいか」と訊く機会があった。彼の答えは「ピアノを弾きながら死にたい」というものだった。

僕の「『朝生』で死にたい」ではないが、僕はこの言いざまが面白いと思った。そこまで言うのであれば、それを実現させ、すべてを撮影してやろうではないか。

当時バリケード封鎖していた早大でのゲリラライブという企画を思いついた。民青も中核も革マルも押し寄せてゲバ戦になって、まさに騒乱の状況下で「ピアノを弾きながら死にたい」という舞台設定ができるのではないかと考えた。

バリ封鎖中の早大大隈講堂からピアノを持ち出した。僕らの力だけでは足りず、アナキスト系の黒ヘルの連中にも手伝ってもらった。後に作家になる高橋三千綱《みちつな》や中上健次《なかがみけんじ》たちもいたはずだ。重くて立派なグランドピアノだった。演奏場所である当時の早大法学部は、民青・共産党系が占拠していたので、そこに黒ヘルが動けば当然、内ゲバになる。その騒乱のなかで、山下洋輔がピアノを弾く。もしかしたら、騒乱に巻き込まれて本当に死んでしまうかもしれない。

そういうシナリオの下で演出は進んだ。ピアノを運び出し、そのピアノを山下洋輔が弾いた。

「ヘルメットと覆面のなかでただ一人無防備の山下洋輔」とナレーションを入れた。

結果として、騒乱にはならなかった。山下の覚悟を決めた渾身《こんしん》のジャズ演奏が、ゲバ棒を持つ学生たちを魅惑した。普段は暴動を起こしていた学生たちも、この時ばかりは聴き入った。民青も教授たちも聴衆として来た。皆静かにピアノを聴いた。大学側も警察に訴えず、逮捕者は一人も出なかった。

これには僕も驚いた。騒ぎを起こして混乱を作り、それを映像に撮り、作品を作っていくという狙いが狂った。嬉しい誤算だったとも言える。山下洋輔の奏でる過激なジャズが、これほどまでに学生や学校側を感動させるとは思わなかった。僕の打算、思惑を超えた展開になった一作として、これも忘れられない。

シナリオというのは、ある意味、裏切られるためにある、というのが僕の持論だ。特にテレビのドキュメンタリーはそうだ。映画で言えば、監督が作り上げたシナリオ通りに撮影していく。何度もNGを出しながら、いかに監督の狙い、思惑通りにロケをこなしていくかが勝負どころだろう。

でもテレビはハプニングが命だ。準備していた通り、思惑通りいかないところに真実の発露がある。それを掬《すく》い取ることこそが、テレビドキュメンタリーの神髄だということを改めて認識させられた作品でもある。

いい画を撮るためには犯罪以外何でもやる

金曜スペシャルと銘打った「日本の花嫁」（一九七一年）という企画も忘れられない。日本中の花嫁たちに会いにいくという企画で、司会役の男女が全国津々浦々を歩き、異色のカップルや結婚式をめぐり、現場からリポートする番組だった。

ある時、全共闘崩れのヒッピーたちが裸で結婚式を挙げると聞き、取材に行った。「連帯と団結」を重視したグループで、結婚式もまたその思想、信条に基づいて行うという。取材するのであれば、同志でなければならない、と。要は、映す側のディレクターも裸になって、花嫁とセックスする連帯を示さないと、取材を許可しないとなった。

ディレクターは僕だから、わかった、と答えた。郷に入れば郷に従えだし、何よりも彼らのセレモニーを画に撮らなければ、仕事にならない。どんなにヤバい仕事でも、画を撮るためには犯罪以外何でもやるというのが、僕らのプロ意識だった。

僕はこの仕事で警察にお世話になったことも二度ばかりあった。

一度は一九六八年、新宿で半ばマリファナ中毒になっていたフーテンたちを取材中に、騒動に巻き込まれ、パトカーで淀橋《よどばし》警察署に連行され取り調べを受けた。担当プロデューサーが平身低頭して釈放された。二度目は、七一年、警視総監公舎爆破未遂事件を取り上げた時、裁判中だった容疑者グループの一人を取材、さらに公舎の前庭を許可を得ないまま撮影していたら、これまたパトカーが来て麹町署に連れていかれて事情聴取された。

そんな僕だ。公序良俗から多少逸脱することであっても、撮影のためにはあらゆる妥協をしよう、あるいは、一歩も二歩も踏み込んでいこう、という覚悟だけは十分にあった。

ヒッピーグループの申し入れには驚いたが、それもまた面白い、番組のなかに入れ込もう、という発想の方が先に出た。僕はその花嫁とセックスし、カメラには後ろから撮ってもらった。行為はもちろんできた。射精はしなかったけど。九〇歳になっても忘れはしない一コマだ。

この話にも後日談がある。

僕がこの時代に作ったドキュメンタリー秀作をいくつか選んで、映画館で上映特集をしてくれたことが何回かあった。日本のお笑いタレントでもあり一時参議院議員までしていた水道橋博士が企画してくれたものもあった。彼がかつて僕を紹介してくれた言葉がまだ耳に残っている。

「田原さんは日本初のＡＶ男優なんです」

映画版『全身ジャーナリスト』はできるか

もう一つは原一男の話だ。ドキュメンタリー映画『ゆきゆきて、神軍』を作った監督だが、彼は僕が東京12チャンネルでディレクターをしていた時にアシスタントをしてくれており、「日本の花嫁」企画の中心スタッフの一員だった。

それで、例の僕とセックスをした花嫁が、さらなる連帯を深めるためにという趣旨か、アシスタントともセックスしたいと言う。ところが、原は応じなかった、というのが僕の記憶だ。原はその後、東京12チャンネルを離れ独立して素晴らしいドキュメンタリーを世に問い続けている。

戦後文学を代表する反体制作家・井上光晴の虚と実を描く『全身小説家』、れいわ新選組の選挙戦を新たな一揆として見つめる『れいわ一揆』(二〇一九年。毎日映画コンクールドキュメンタリー映画賞)、水俣病《みなまたびょう》をめぐる闘いの人間模様を捉えた長編『水俣曼荼羅《まんだら》』(二〇二一年。キネマ旬報ベスト・テン文化映画第一位、毎日映画コンクールドキュメンタリー映画賞等受賞)などだが、東京12チャンネル時代に僕の下でアシスタントを務めていた時の体験が原動力になったのではないかと密《ひそ》かに思っている。

原とはさらに縁があった。二〇一三年四月にドキュメンタリー特集が東中野の映画館であった時、僕と原とのトークイベントが企画された。その時に原が僕を主人公にしたドキュメンタリーを撮りたいと言ってきた。「田原さんももう年だ。そろそろ亡くなることもあるでしょう。いままさに死んでいくというその場を撮りたい」と。僕は「原君ならいいよ」と即答した。

だから、彼は僕を撮り続けている。あの「ドキュメンタリー青春」の登場人物たちを再取材、山下洋輔やカルメン・マキのその後についても調べているらしい。

彼は別の撮影も抱えており、僕の撮影の方は中断しているが、もしも彼がそれを完成させてくれるならどんなドキュメンタリーができるか、楽しみでならない。それはまさに、本書『全身ジャーナリスト』の映画版となるだろう。

【倉重メモ】「ドキュメンタリー青春」秘話

田原にとってテレビ業界入りは、いくつかの偶然が重なったようなところがあるが、これが彼のジャーナリストとしての運命を変えた。テレビで産湯をつかったことの意味は重かった。テレビの強さを知った。問題点も知った。

東京12チャンネルがTBSやNHKなどとは異なり、後発組であったことがまた田原を成長させた。インディーズ的ポジションを逆手に取り、ゲリラ的に活用した。それが時代との異様なスイングを生み出したのだ。

「過激な題材を選び、過激に撮影する」

「やらせ的な演出をし、その結果としてスタッフ、出演者、関係者に生じる葛藤までを、すべて撮影する」

そういう手法だった。「ドキュメンタリー青春」がその試行錯誤の場であった。その蓄積が映画監督としての田原を生み、ATG映画『あらかじめ失われた恋人たちよ』を作らせた（ATG：日本アート・シアター・ギルド。一九六〇年代に発足した映画会社）。

テレビとの相性がよかったのだろう。フィルムの装着の仕方もわからず怒鳴られていた新人が、いつの間にか水を得た魚のようにテレビドキュメンタリー制作の最前線を走るようになっていた。

その頃の田原をどう見るか。映画監督の原一男にインタビューした。

テレビマン田原とは？

「映像作家というよりテレビディレクターだ。一九六〇年代末から七〇年代にかけての学生運動華やかなりし頃、それに触発されたテレビマンユニオンの人たちや、龍村仁《たつむらじん》さん、田原さんら何人かがテレビに新風を吹き込もうと頑張り、それが作品としてうまく結実した時代があった。『テレビの青春時代』と私は勝手に名づけている。わずか四、五年の期間だったが、伝説的なドキュメンタリーや、むしろ映画よりも過激な作品がいくつも生まれた」

そのなかで田原の「ドキュメンタリー青春」とは？

「四人のディレクターがローテを組んでそれぞれ一カ月に一本のペースだった。ノーマルな作り方をする人が多いなか、田原さんの方法論は傑出していた。たかだか一カ月足らずで相手を探し、説得し、撮影期間はよくて一週間、編集して仕上げる。日常生活から丁寧に撮っていって面白いものを発見していく余裕はない。だから面白いシチュエーションを仕かける。それが田原方式のエッセンスだった。私もそれを学んだ。その仕かけというやり方が私のなかでいまもずっと生き続けている」

ハプニングが起きるのもいとわない。

「それどころか、期待している。ワンシーンで面白いものが撮れたら三〇分番組は成立する。一点突破という手法の持つ過激さ、ユニークさで田原さんの番組は群を抜いていたという印象がある。さらに言えば裏話がもっと面白い」

「当時の左翼から右翼まで片っ端から取り上げて番組にしていった。過激な作り方なので世間からは反発を食らうことがあっても、反発を食らってこそのドキュメンタリーだという居直りがあった。ＮＨＫで『やらせ』が大問題になった時、田原さんは、『やらせなくしてはドキュメンタリーは作れない』と言っていた」

やらせを生々しい現実が露出する契機にするという手法は、田原ならではだったのだろう。それにしても、特別少年院からの出所・更生物語もそうだが、カルメン・マキ、山下洋輔、白川和子（一九七二年制作のドキュメンタリーで老人ホームを慰問）……よくぞ彼らを説得したものだ。

「田原さんには反骨心がある。これが相手を口説く時に、絶対説得してみせるという情熱を発露させた。本当にそれが見事だった。『ドキュメンタリー青春』に登場する人は、右から左まで、当時一世を風靡《ふうび》した学生運動の論客たちが多かったが、田原さんはそれを上回る情熱で口説いていく。普通の人ではできないことだった」

なぜ田原にはそれができたか。

「田原さんがよく言っていたのは、自分が軍国少年だった、その自己批判が原点だということだった。それが反骨心を作り上げてきたようなところがある。論客たちを論破することも、彼らを主人公にして過激な内容のドキュメンタリーを撮ることも、田原さんにとっては反骨の証《あかし》みたいなところがあった。大前提として主人公を説得しなければならない、それはすごい迫力だった。残念ながら、いまだに私は勝てていない」

「日本の花嫁」という当時の企画について原から話を聞いた。

「フリーセックスは事実だ。私の記憶では、性の自由という問題があり、それを実践している若者たちに会いたいと探し出して、取材した。一通り撮影が終わって、実践するところを撮りたいと田原さんが言い出したのではなかったか」

原一男は熱い時代の田原ドキュメンタリーについて語ってくれた。次章第六章の終わりでも続けたい。

第六章　テレビと民主主義

——よみがえれ、大衆ジャーナリズムの活力よ

テレビドキュメンタリー番組をずっと作り続けてきた僕は、いつしか、「映画を一本撮ってみたい」という願望に強くかられるようになった。

一九七一年のATG映画『あらかじめ失われた恋人たちよ』がそれだ。岩波映画で一緒だった劇作家の清水邦夫との共同監督作品だった。

勤めていた東京12チャンネルに対して、映画を作るので二カ月間休みをくれと言ったら、「ダメだ」と言うので、会社に内緒で二カ月間休んだ。どうしたかと言うと、仲間たちが毎日、出社判を押してくれ、さらには僕の代わりに番組まで作ってくれたので、それができたのだ。その仲間のひとりに小倉智昭《おぐらともあき》がいた。

撮影したのは、七〇年代の若者の葛藤を描いた映画で、出演者は石橋蓮司《れんじ》（当時三〇歳）、加《か》納典明《のうてんめい》（同二九歳）、桃井かおり（同二〇歳）など錚々《そうそう》たる顔ぶれだった。なかでもこの作品で本格的にデビューした桃井は、過激なシーンをものともせずに演じきったのに驚いた。

桃井かおりに、裸になってセックスしてと言うと、「なぜ?」と訊かれたが、誰かが「実存だよ!」と言ったら、それで通じた。当時の僕は「アップ撮り」「カット割り」「右目線、左目線」というような映画専門用語もわからなかったので、ずいぶん苦労した。要領を得ない僕を無視した撮影が続くこともあった。だけど、何とか作り上げた。

僕からすれば、お高くとまっている映画の世界に対する一種の抵抗だった。週替わりのテレビドキュメンタリーを作っている僕も、これだけのものが作れるんだぞ、という。

NHK告発の番組が放送中止に

そんな僕に触発されたのか、一九七四年には、NHKディレクターだった龍村仁が、矢沢永吉率いるロックバンド「キャロル」の映画化にトライした。僕と同じくATGで制作した。彼はもともとテレビドキュメンタリーとして「キャロル」を撮ったが、完成後三カ月も店晒《たなざら》しされた挙げ句、プロ野球中継のスタンバイ番組として放送されたという屈辱があり、映画化に挑戦したという経緯があった。

龍村もまた、映画を作るため、NHKに休暇願を出すも認められず、許可を得られないまま、二カ月ほど休んで映画を作った。だが、僕の場合は同僚たちがカバーしてくれたが、NHKは許可なく外部業務に従事したことと長期欠勤を理由に龍村を解雇した。

僕はそこにもかぶりついた。龍村が解雇処分の撤回を求めて起こした裁判に証人として出廷し、僕のケースを説明した。それだけではなく、この一連の動きを撮影して、「あるテレビディレクターの投げた波紋」というドキュメンタリーに仕立て上げようとした。龍村本人を密着取材した他、龍村と関わりのあるNHKディレクターやカメラマンにも直接取材した。

いい作品ができつつあった。ところが、これが放送できない。まだ編集段階だったにもかかわらず、NHKからクレームが来て、放送中止になってしまった。

当時東京12チャンネルは外国から輸入した映像を放送していたが、その際に必要なテレビジョン信号のフレーム周波数の変換をNHK保有の装置に全面依存しており、NHKには頭が上がらない。なぜ、まだでき上がっていない番組にクレームが付いたのか。これについては謎だったが、たぶん取材した先のNHKのディレクターたちが上司に垂れ込んだのだろうと推測した。このNHKの体質は本当に腹立たしく感じた。

僕は、この事件を嗅ぎつけて取材に来た朝日新聞の記者に対して、事の顚末《てんまつ》をすべて話した。しばらくして、朝日新聞社会面に「NHKの圧力で放送中止」という見出しの大きな記事が掲載された。

僕の腹の虫は収まった。だが、この記事が出たことで、僕は報道局から制作局へと配置転換された。事実上の左遷だ。人間いたるところ青山あり。その干されている間に書いたのが『原子力戦争』だった。

民主主義の維持にはジャーナリズムが必要

ここからは改めてテレビジャーナリズム論だ。

同じジャーナリズムのなかで、テレビと新聞が並走しているわけだが、やはり新聞の方が威張っている。僕も新聞各社の記者とずいぶん付き合ってきたが、どこか彼らはテレビを軽蔑している。腹のなかでは、俺たちが真のジャーナリズムで、テレビは単なる娯楽だと思っている。

僕は新聞社を受けて全部落ちたコンプレックスの塊だ。それだけに、そういった彼らの本音に対し、どちらがよりジャーナリズムとして優れているか、勝負しようじゃないかという気持ちがずっとあった。それが、テレビマンとしての僕の闘志をかき立ててくれた。

そもそも、ジャーナリズムとは一体何なのか。

『大辞林』を引けば、「新聞・雑誌・テレビ・ラジオなど時事的な問題の報道・解説を行う組織や人の総体。また、それを通じて行われる活動」と書いてある。だが、単なる報道・解説ではいけない。何のための報道・解説かが大事だ。

僕に言わせれば、民主主義社会を支えるために必要な報道・解説をするのが、ジャーナリストの最大の仕事ということになる。

民主主義については、チャーチルの名言がある。「民主主義は最悪の政治と言える。これまで試みられてきた、民主主義以外のすべての政治体制を除けばであるが」と。

確かに、民主主義の維持はそれほど簡単ではない。決定までにやたらと時間がかかるし、トランプ的なポピュリズムの罠に落ち込むこともままある。多数決の前提として熟慮が行われているかというと、心もとない点もある。

人類が進歩して民主主義国家が増えているかというと、必ずしもそうではない。ロシアによるウクライナ侵攻や北朝鮮のミサイル発射による威嚇などを見ると、むしろ現在は、権威主義的強権国家による民主主義体制への圧迫が続いている。

国際社会を大きく、「民主主義」対「独裁」の構図で見た場合、人口の合計では世界の多くが「独裁」側に住んでいるというデータがある。

英オックスフォード大の国際統計サイトを見ると、二〇二一年時点で、データのある一九九カ国・地域のうち、「自由民主主義」と言えるところが三四カ国・地域で、「選挙による民主主義」を実現しているのが五六カ国だったのに対し、「選挙による独裁」は六三カ国、「閉鎖型独裁」は四六カ国・地域もあった。つまり民主主義体制は九〇カ国・地域しかなく、一〇九カ国・地域が権威主義的な政府だという。人口で比べると、民主主義二三億人vs権威主義五五・六億人という色分けになってしまう。

民主主義は素晴らしい制度だが、非常に脆弱《ぜいじゃく》な制度でもある。それを守るために僕らがどういう努力をしなければならないかが重要だ。

いまこそ正面から天皇制を論じるべきだ

その一つとして、ジャーナリストの使命がある。主権者である市民に対し、彼らが判断するのに必要な情報を提供する。情報のチャンネルが多いほど民主主義を強固にすることができる。ジャーナリズムがその民主主義の下支えというミッションを果たすためには、もっとテレビのパワーを活用すべきだし、それは十分できる、というのが僕の意見だ。

新聞には販売店を経由して売るという特徴がある。新聞商品の中身がどうであろうと、販売店ネットワークがしっかりしていれば新聞は売れる。かつて読売新聞の務臺《むたい》光雄（元社長）という販売の神様が「読売と名が付けば白紙でも売ってみせる」と豪語したといわれる。逆にそこに乗って殿様商売をしていると、新聞商品自体の劣化を招くこともあるのだが。

新聞に比べて、テレビは視聴者が見てくれなければダメなわけだ。視聴者に見てもらうための商品作りにものすごい努力をする。つまり、新聞以上にマーケットに鍛えられる部分がある。

それともう一つ、扱うテーマやネタ、切り口の観点からいえば、テレビの方が自由度が高いのではないかと僕は思っている。新聞という組織は、上とは喧嘩しにくい。一記者が正論を言っても通用しない。それを受け入れるかどうかは社内幹部陣によってのみ決められており、新しいこと、世の中の底流に動いていることにまで届かない。ある意味狭い。

それに比べて、テレビはマーケットがストレートで広い。見てくれなければ商売にならないから、見てもらう。見てもらうと視聴率という数字で反応が出る。企画段階でクレームが付いた番組でも視聴率という天の声が出ると正当化される。つまり、視聴率を楯《たて》に、上とも喧嘩ができる。僕はこれでやってきたわけだ。

端的な例を一つ挙げる。

テレビで初めて天皇制を取り上げた時のことだ。

「朝まで生テレビ!」を始めた翌年の一九八八年、昭和天皇が吐血して重体になった。病状は日々悪化、新聞、テレビは「ご容体」報道を連日繰り返し、日本中が自粛ムードに包まれた。歌舞音曲だけではない。言論が途轍もなく不自由な感じになった。

ここでまた僕のへそ曲がり根性が目覚めた。この異様な自粛ムードのなか、いまこそ昭和天皇論を正面からぶつけるべきではないかと。

なぜか。戦中派の僕には、昭和天皇の戦争責任にこだわりがあった。戦争があそこまで戦線を拡大し、ついには二つの原爆を投下されるに至った原因は何か。それは天皇の統帥権だった。軍部がこれを利用、国民も政治もこれを抑えきれずに暴発させた結果があの敗戦だった。となれば、天皇にもまた戦争責任があるというのが僕の考えだった。

「危害が人身に及ぶ可能性もある」

ただ、戦後日本はその問題をスルーした。米国が日本統治のために天皇の責任を問わないと決め、東京裁判でも主役であったはずの天皇を戦争責任の外側に外してしまった。天皇制存続を願う日本の支配層もそれでよしとした。だから、僕たちは戦争責任を自分たちの手で解明することができないまま、曖昧な形でその問題を処理してきた。そのことが、日本の民主主義にとってどれだけマイナスであったか。日本の安全保障が米国におんぶに抱っこだったのも、根源はそのあたりにあるのではないかと僕は疑っていた。

いずれこの問題はテレビメディアで取り上げたいと思っていたが、この異様な自粛ムードのなかでこそ、その問題提起が有効になるのではないかと思いついた。

さっそく僕は行動を開始した。まずは「朝生」担当プロデューサーの日下《くさか》雄一に相談した。「テレビが天皇制の是非や天皇の戦争責任について真っ向から論じたことは一度もない。タブーになっていた。そのタブーを破ることこそがこの『朝生』の役割じゃないか」と。天皇を取り上げようぜ、と。

ところが、あらゆるタブーへの挑戦に積極的だった彼が、珍しく躊躇した。

日下の話が届いたのだろう、編成局長の小田久栄門《きゅうえもん》が僕を呼んでこう言った。

「田原さんの企画なので実現させたいが、いまこの自粛の最中に天皇論議は無理です。危害が人身に及ぶ可能性もある。いかに僕でも了解するわけにはいかない」

小田もテレビマンとしてはなかなかの侍だった。僕はこう返した。

「私なりに局に迷惑をかけずに番組を成功させる自信がある。ぜひ任せてほしい。……ただ、そうは言っても小田さんは信用しないでしょう。いいですよ。天皇論をやめて他のテーマでやりましょう。しかし、深夜の五時間の生放送です。仮に途中でテーマを切り替えても、小田さんにはどうしようもない。私は小田さんを裏切ります。しかし、結果として問題なくやります。視聴率も高く評判もいい。そういう番組として成功させます。万が一、小田さんが危惧するような問題が起きれば僕が全部責任を取ります。頼みます。騙されてください」

一時間くらいやりとりしただろうか。結局小田は騙されることを拒否しなかった。

それから数日後、日下と打ち合わせした。最初のテーマを何とするか。どの段階で天皇論に入っていくか、細かく話し合った。


「お前ら、テレビをなめてんのか？」


一九八八年九月三〇日、当日は「昭和六三年秋　オリンピックと日本人」というテーマで本番を始めた。出演者は大島渚《なぎさ》、野坂昭如《あきゆき》、西部邁、猪瀬直樹、舛添《ますぞえ》要一、石川好《よしみ》、野村秋介らだ。彼らには前もって事情は伝えた。タブー中のタブーだけに人選はよりすぐった。

オリンピックをメインテーマにし、かつての金メダリストたちも呼び、彼らとソウルで開催中（九月一七日〜一〇月二日）のオリンピックの話をし、タイミングを見て強引にテーマを変えた。

「今晩はどうしても論じたいテーマがあります。日本について語る時絶対に避けられないテーマ、天皇です。天皇はいまご病気で厳しい自粛ムードですが、だからこそ、あえて天皇について語り合いたい」

そこでメダリストたちが退場して、先ほどのメンバーに入れ替えた。さすがの僕も緊張していた。後から聞くと、声がかすれていたそうだ。

討論メンバー総入れ替えで議論を始めたのはいいが、どうも盛り上がらない。パネリストたちには事前に了解を得ていたはずだが、さすがの百戦錬磨の彼らにしても、天皇というテーマは重かった。何か皇居の外側をぐるぐる回っているような、天皇を遠巻きにした議論が続いた。僕にも焦りがあった。いつものように歯切れよく議論を挑発できない。何か金縛りにあっているような感じがあった。

コマーシャルの時間になった。いつものように「ここでCMを入れます」と議論を打ちきったものの、この休憩時間にどう議論を立て直すか、さすがの僕も頭を抱えた。その時、プロデューサーの日下の立ち回りがすごかった。スタジオに降りてきて、僕らに言い放った。

「あなた方がぜひやるべきだと天皇論をやることになったんでしょう。互いに覚悟を決めていたんじゃないんですか。なぜ遠巻きの議論しかできないんですか」

僕の記憶にはないが、「お前ら、テレビをなめてんのか？」とのセリフも出たらしい。

それが効いたのだろう。その後、僕らは少しずつ自信を取り戻し、タブーに斬り込んでいった。実は、前明石市長の泉房穂は、当時「朝生」のスタッフだったのだが、この時の緊張と興奮をいまでも覚えているそうだ。そもそも天皇制とは何か。制度論その他、議論を深めていき、企図していた戦争責任論については最後の一時間で駆け抜けるようにやった。もちろん、不完全燃焼の部分も多かった。だから僕は最後に視聴者に向かって約束した。必ずもう一回やります、とね。

数字の背後に人々の姿が見える

視聴者からの電話やファクスでの反響がすごかった。

視聴率は三・二%。「原発」を議論した時ですら一・三%だったから、深夜としてはすごい数字と言える。この時間帯にテレビを見ている人たちに絞れば、なんと四七・八%が「朝生」を見ていてくれたことになる。クレームらしきものもなかった。

ただ、僕は小田のところに行って、しおらしく謝罪した。日下が発破をかけてくれたおかげで何とか形にはなったけど、僕からすれば小田らに啖呵《たんか》を切ったほどのでき上がりにはならなかったからだ。

そうしたら小田がなんと言ったか。

「田原さん、面白かった。大晦日《おおみそか》にまたやってくれ」

大晦日の深夜は、皆、「紅白歌合戦」や「ゆく年くる年」を見ているから、どこの家庭もテレビを付けっぱなし、そこで勝負すれば相当な視聴率を稼げると見たのだろう。

やはり視聴率がものをいった。僕らはこの小田の反応が嬉しくて、第二弾にはもっと力を入れた。

その年の大晦日一二月三一日に「天皇論第二弾」として生放送した。この時の出演者には小田実《まこと》や小中陽太郎も入れ、激しい討論をした。小田と西部が斬り結び、野坂が割って入り、野村が逆襲し、大島がその野村と対決する。七時間という長い放送時間が、あっという間に過ぎた。

終わった時に僕は精根尽きて、椅子から立ち上がれない。そこまで討論に熱中した。視聴率は七・五%だった。伝説の番組として、いまも語り継がれている。

僕がこのケースで言いたいのは、視聴率というマーケットでの覇者になりさえすれば、世の中を変えるような企画に取り組める、それがテレビの世界だということだ。これはさすがに新聞もできない業だろう。

よく視聴率を批判する人たちがいる。そんな少ないサンプル数で実態がわかるのかとか、視聴率の奴隷になってはいけないとか。

僕は考えが違う。数字の背後に人々の姿が見えるというと大仰だが、番組を見てくれる、チャンネルを変えずに見続けてくれる人々の熱い視線、息遣いみたいなものを感じるのだ。誰に命令されたわけでもない、人々の自発的なチャンネル選択が視聴率という数字を媒介して僕ら制作者にエネルギーをくれるという関係に僕には見える。

視聴率は権力への防波堤にもなる

これは、民主主義社会の根本をなす選挙の投票率、得票数と似たようなものだと思っている。国政選挙で投票率が一%上がれば、一億人の有権者のうち一〇〇万人が多く投票したということだし、その一〇〇万票がどの党に入るかで大勢も変わり得る。

政治家を当選させるか否かは、投票率と得票数次第だ。数字が取れない限り、泣いても笑っても政治家にはなれない。視聴率もまた同じだ。番組を続けさせるか否か、視聴率は決定的な力を持っている。

最近（二〇二三年三月）、放送法四条（政治的公平性）の解釈をめぐり、安倍政権時代の官邸が主管官庁の総務省に対し圧力をかけていた問題が明るみに出た。ＴＢＳ番組「サンデーモーニング」（二〇一四年一一月二三日放送）の中身について、当時の礒崎《いそざき》陽輔首相補佐官が問題視し、総務省局長を呼びつけた。そして、従来の「一つの番組では判断せず全体を見る」という解釈を変更し、「一つの番組でも極端な場合は政治的公平性を確保しているとは認められない」とすることによって、テレビ界への政治的介入の余地を作ろうとした。実際、高市早苗《さなえ》総務相に翌一五年五月一二日の国会でそう答弁させたわけだ。

僕はこの話はけしからんと思ったが、一方で、権力というのがそういうことをしがちであることも教訓として真摯に受け止めるべきだと思った。それにテレビ側はどう対抗するかが重要だ。その最も強力な助っ人《すけと》になるのが視聴率だろうと改めて確信した。時代のニーズに応えた真に視聴者の支持を受けた番組は、権力といえども、そう簡単には封じられない。実際に「サンデーモーニング」はそれだけの視聴率を維持してきたのだから。

僕は、テレビという媒体は、民主主義に不可欠なツールだと思っている。特に、僕がやってきた討論番組がそうだ。いろんな議論があっていい。右から左まで、自民党から共産党、れいわ新選組までみんな出てきて、タブーなしにガンガン議論できるのがデモクラシーの証拠だ。そういう人たちが一堂に会するプラットフォームとしては新聞よりテレビの方が合理的だとも思う。

「朝生」がそのプラットフォームの一つだ。夜中でも視聴率が二％ある。二％は八〇万人だ。録画して見てくれる人がまた二％、八〇万人だから計一六〇万人が見てくれている。これからもテレビでそういうデモクラシー、いわば視聴率民主主義の下支えを死ぬまでやっていこうと思っている。

民放のテレビはスポンサーで成り立つ

テレビと民主主義、という、ちょっと堅苦しい話をさせてもらった。本音の話もしよう。

一つは、スポンサーだ。民放のテレビが成立するのは、一つが視聴率だとすれば、もう一つはスポンサーだ。視聴率がある程度のものが予測されてもスポンサーが付かない限り、番組制作には至らない。ここが、NHKと大きく違うところだ。NHKは、放送法に基づく公共放送として六〇〇〇億円余の予算を国民からの視聴料で賄っているから、スポンサーはいらない。国民全体がスポンサーのようなものだ。予算が潤沢だから、やはり作るものも手間暇かかっている。制作者たちも優秀な人が多いし、作品の質も高い。

その意味でNHKは僕たち民放にとっては、ある種の目標でもあるし、商売がたきでもある。NHKを常に意識して、NHKではとても成立しない番組を作ってやろうと奮闘もしてきた。向こうは優秀な人間がいる。そのNHKが作れない番組というのは、やはり危ない番組だ。そして、そういった番組にもきちんとスポンサーを見つけ出してくる、それが民放の力だ。

僕がテレビで一定の成功を収めてきたのは、このスポンサー問題で、実はそれほど苦労することがなかったからだ。東京12チャンネルという後発局からスタートしたことが、結果的にうまく働いたのかもしれない。会社側の要求水準も、ＴＢＳや日テレ、フジなどの先発局ほどは高くなかった。

ダメ元で必死になってスポンサー探しをしていれば、どこか応じてくれるところが見つかった。そうでないと番組自体が始まらない。いわば背水の陣でやるわけだから、気合も入っていた。日本経済が右肩上がりの時代だったからこそできたことかもしれないが。僕が口説いて持ってきたスポンサーも少なくなかったはずだ。

東京12チャンネル時代で思い出すのは、夏と正月の年二回、主なスポンサーを集めての会合の際には、僕が必ず講演をさせられたことだ。何十社、何百社いるスポンサーを前にして。そこでも僕の図々《ずうずう》しさが出ることになった。つまり、スポンサー相手に、あるべきテレビコンテンツ論を展開する。こういう番組を作らないと、その番組を支えているスポンサーにとって、マイナス評価しか出てこないぞと。視聴者に尊敬される番組、視聴者に信頼される番組、これが重大なんだと。時には権力をバッサリ斬ることもまた視聴者から信頼を受ける要素です、とも言った。

東電提供の「激論!クロスファイア」で東電批判をした

親しくしていたスポンサーはどこか? 一番大きいのは東京電力だった。

一つエピソードがある。これは後で詳述するつもりだが、「サンプロ」が二〇一〇年三月に打ちきりになった時のことだ。当時の早河洋《ひろし》テレ朝社長が僕にそれを通告し、後継番組はBSでやってくれと言ってきた。僕の側にも落ち度があり、やむを得ないと思った。だけど、早川社長は言葉を継いでこう言った。

「田原さん、悪いけどね。BSのスポンサーも見つけてくれ」

当時BSは歴史も浅かった。後継番組はいまも続く「激論!クロスファイア」だが、僕はちゃんとスポンサーを探してきた。それが東京電力だ。

それから一年たって、二〇一一年三月一一日に東日本大震災が起きた。東電の福島第一原発の原子炉が立て続けにメルトダウンした。東電は、会社発足以来、最大の危機に見舞われたわけだ。僕らは毎週のように、この事故の展開、原因、背景を、手を替え品を替え報道した。原発に批判的な専門家、識者をスタジオに呼んで、東電批判を展開した。せざるを得ない。

僕は東電がどう出るか、うかがっていた。何かしら、編集に注文を付けてくるとか、スポンサーを降りると言い出すことも想定した。でもそれはなかった。すべてオンエア・オーケーだった。

いま思うと、東電も日々の事故対応、除染、補償問題で手いっぱいだったのだろう。事故への責任も相当感じていたと思う。むしろ、自分たちが提供する番組で批判を甘受する姿勢を示す方が大事だと考えたのではないか。

東電はこれを三カ月続けた後、スポンサーを降りた。

テレビとスポンサーというのは、ある種の緊張関係のなかで共存していくものだと思った。僕らはＮＨＫではないんだから、どうしても制作費を提供してくれるスポンサーが必要だ。スポンサーは自分たちの商品、会社宣伝と視聴率を求め、僕らは、そのスポンサー自身もまたその一員となっている日本社会の真相、深層を伝えたいと思う。どこかで双方の立場が連結、Ｗｉｎ－Ｗｉｎになる「点と線」があるはずだ。僕はそういう信念でやってきたし、実際にそれを実現してきたと思う。それがスポンサーとの共存共栄だ。これは当然ながら、スポンサーを忖度《そんたく》するということではない。むしろ時に批判を深めることで、ともに現代社会のありようを探ることができるのだ。

テレビも新聞もネットに抜かれて……

僕がテレビを好きなのは、その職場の雰囲気もある。テレビというのは、一つの作品を仕立て上げるためにスタッフが大勢いる。プロデューサー、ディレクター、構成作家とカメラマン。これにはチーフとサブがいて、音声も照明もいる。テレビ映りがよくなるようにお化粧してくれるメイク係もいる。本当に大勢の人で作っている。

そこが活字媒体と違うところだ。活字も、新聞社などでは組織的な連携もあるだろうが、フリーで仕事していると、チーム間でのコミュニケーションはあるものの最後は一人だ。リポーターたちが取ってきたデータ、ネタを僕がアンカーとして全体像にまとめる。深夜から朝方にかけて徹夜で原稿をまとめる。孤独な作業だ。

それに比べ、テレビは集団的な組織プレイだ。打ち合わせがあり、本番があり、反省会があり、大勢の人たちがそれぞれの観点から意見を言う。よりよくするために大衆的論議をする。僕はその現場感覚にあふれた雰囲気が好きだ。どのようにスタッフと信頼関係を維持するかがテレビの一番のポイントになる。

テレビの将来性はどうか。いまテレビは、スポンサーをどんどんネットに取られている。かつては、スポンサーを一番取ったのは新聞だった。いま新聞はネットの八分の一もスポンサーが取れない。一方テレビは二〇一八年までスポンサーナンバーワンだったが、いまはネットに抜かれている。どんどん抜かれて一〇年後は危ないかもしれない。これは本音の話だ。

ただ僕は、生きている限り、テレビの世界を走り回るだろう。民主主義の支え手として、テレビの仕事に最後まで取り組むつもりだ。テレビは僕をここまで育ててくれた。その恩返しがまだできていない。

【倉重メモ】映画版『全身ジャーナリスト』はできるのか？

テレビ・ドキュメンタリスト時代の田原を身近で見てきた映画監督の原一男に、第五章に引き続き訊く。

ジャーナリスト・田原総一朗とは？

「面白いというのがキーワードだ。直観として面白いかどうか。田原さんの面白がり方の基本は、誰かと誰かをぶつけることだ。ものすごくわかりやすい。『朝生』では、大島渚さんと野坂昭如さんが他の誰かとやたらにぶつかり合い、それを田原さんは挑発する。ただ、いまの出演者はあまり挑発に乗らない。だから見ている方がつまらなくなった。そういう田原さんだから、私の挑発に乗ってくれるのかと思ったらなかなか乗ってくれない」

挑発というのは、あなたが田原の最晩年をドキュメンタリー映画で撮るという話のことか？

「東中野でドキュメンタリー特集があった時のトークイベントの席での話だ。田原さんにはいつも対談でやり込められていたこともあり、ここがチャンスと申し出て、その場で快諾を得た。田原さんの作家としてのこれまでの面白い現場を取材して、一本のドキュメンタリーを作ろうと対外的にも宣言した」

死までをドキュメントするということ？

「田原さんが死ぬ場面だけでは映画にならない。田原さんに何かアクションを仕かけてほしいと思ったが、なかなかいいアイデアが出てこない。田原さんが天皇にインタビューしたいという話もあり、これは画になるなと思った。しかし、再三、宮内庁を通じて申し入れているが、いまだにＯＫの返事が来ないという」

「ドキュメンタリー青春」の主人公たちを再取材した、とも聞く。

「山下洋輔や白川和子さんには話を聞いた。一人残らず訪ねていこうと思った。田原さんの過去の主人公たちを訪ねて、当時の田原さんの仕事ぶりを訊くのは意味があるだろうと思った。カルメン・マキらのその後の話もあった。僕はそこまで取材に行きたいと思ったが、田原さんからは、そこまではやめた方がいいと抑えられた。守りに入っているように見える。先ほど、挑発に乗ってくれないと言ったのはそのことだ。私からすれば、あの田原さんがそんなこと言うのかよと思った。それで、田原さんの映画を作るという情熱がそがれていった」

田原を説得できないのか。

「そもそも僕がドキュメンタリー映画を作っていくことになった大恩があるから、何とか映画にしたいなと思ったのだが、現実にはなかなか思うようにはいかない。悔しいかなそれが現状だ。完全に情熱をなくしたと言うつもりはないが、あまりに条件が難しい」

田原総一朗を原一男がどう描くのか。『ゆきゆきて、田原総一朗』になるのか、『全身ジャーナリスト』になるのか。あの時代のテレビマンたちが何を追いかけていたのか。そのなかで田原の仕事の意味とは何だったのか。原は現時点では制作は難しいとは言うものの、やはりぜひ見てみたい。

第七章　原発と電通

――日本社会を規定する二つの禁忌

東京12チャンネルで僕が制作局に飛ばされて暇になったというところまでは前章で述べた。テレビのディレクターを干されたわけだから、もう映像は扱えない。でも僕の、ジャーナリストとして生きていく志に変わりはなかった。そこから僕の活字商売が始まった。

その最初の仕事で、日本最大のタブーの一つだった原発問題を取り上げた。原発の取材を進め、それを活字にしていく過程で、もう一つのメディアのタブーにぶつかった。

それが電通だった。不思議な体験だ。意図したわけではなく、メシを食うための仕事をするなかで、たまたま二つのタブーを引き当てたというわけだ。タブーに斬り込む僕のジャーナリストとしての方向性は、そこで固まったと言っていい。

これからの戦場は原子力だ

まず、原子力船「むつ」の話から始めたい。

「むつ」は、一九六八年に着工、六九年に進水した日本初の原子力船である。「むつ」の名前は母港である大湊《おおみなと》港のある青森県むつ市にちなんで付けられた。七二年、原子炉へ核燃料が装荷され、七四年に出力上昇試験が太平洋上で開始され、同年八月二八日に初めて臨界に達した。

そこまではよかったが、直後の九月一日、試験航行中に原子炉上部の遮蔽リングで、高速中性子が漏れ出る「放射線漏れ」が発生したことで、大騒ぎになった。風評被害を恐れる地元むつ市の漁業関係者を中心に帰港拒否運動が起き、自民党が一五億円の摑《つか》み金《きん》で地元対策を講じるなど、メディアでは日々面白おかしく書き立てられていた。

だが僕は、それほど取材意欲を感じなかった。むしろ、「むつ」を安心して笑いものにする風潮に呆《あき》れていた。邪悪な国家権力が素朴で純粋な漁民たちを愚弄、蹂躙《じゅうりん》しているという、メディアの紋切り型の描き方にもしらける部分があった。無責任な推進派と反対派が、よってたかって日本初の原子力船を叩き潰しているのではないかという気がしていた。

ただ、僕に「むつ」を取材するよう煽る人がいた。高校時代の友人で広告代理店に勤めている男だ。僕がテレビ局で働いているのを知って、仕事のネタを作ろうというわけだ。

僕に電話をかけてきて、新聞を見ろと言う。

放射線漏れから一カ月以上たった、一〇月一二日付の朝日新聞社会面の記事だった。

「板ばさみ、父親自殺」

こういう見出しで、「むつ」と家業のホタテ漁との板ばさみになった病身の漁師が入水《じゆすい》自殺したという記事が載っていた。次男が「むつ」の甲板員として乗り組んでいたが、「むつ」問題がこじれるにつれ帰ってこられないのではないかと父親は心配しており、一方で一緒に家業のホタテ漁を営む三男が帰港阻止運動に加わっていて、「おれはどうしたらよいのか」と漏らしていたという。

僕の友人によるとこうだ。

これからは、メディアも学生運動やベトナム戦争ばかりを追いかける時代ではない。原子力が台風の目だ。これからの戦場は原子力だ。国家権力と人民があちこちで衝突する。これは商売になるぞ。

彼の狙いは、国の広報予算だった。科学技術庁（当時）がスポンサーになるテレビ番組を自分の広告代理店を使って取り、僕が所属するテレビ局に放送させよう、その協力をせよ、との目論見《もくろみ》だった。

僕は彼との人間関係はあるにせよ、お上から垂れ流しの番組を作る気は一切なかったので、逆提案した。いっそのこと、当たり障りのない報道ではなく、問題の核心にまっしぐらに踏み込んだ番組、具体的には毎回、推進派と反対派を激突させ、原発問題の全体像を描いたらどうか、と。僕はすでに、その後の「朝生」に通じるようなことを言っていたわけだ。

その提案は通ったのだが、結果的には広告代理店間の力関係で、僕らの思い通りにはならなかった。彼も仕事を取れなかった。

魑魅魍魎《ちみもうりょう》蠢《うごめ》く「原子力戦争」

ただ、その仕事に関わって関係者に取材していくうちに、原子力の世界に引き込まれていった。まずは書店を回り、原発に関する本を買い漁《あさ》った。推進派、反対派のキーパーソンにも手紙を書いて、取材した。原発メーカーから東京電力、関西電力、日本原子力発電の関係者、各地の反対運動の核になっている学者や市民、活動家たちからも話を聞いた。

むつ市、東海村、柏崎《かしわざき》、美浜などの原発立地地域にも何度も足を運んだ。驚いた。この世界には、狢《むじな》も妖怪も巣くっていた。まさに友人が言っていたように、魑魅魍魎の「原子力戦争」が展開されていたのだ。

そんな僕の問題意識に、筑摩書房の編集者が関心を持ってくれ、月刊誌『展望』一九七六年一月号から四回、ドキュメントノベルとして連載することになった。

僕がこの作品で何を書いたか。それは盟友・野坂昭如が、これを文庫化した時の解説で語ってくれた。

　電力業界のまこと複雑にからみあった利害損得勘定、権力争いに加えて通産省の下心が、陰に陽に働く。わが国の場合、原子炉は外国からの輸入で、となると商社が介在し、航空機とはケタ違いのビジネス故、政治家が群がりたかる。

　肝心要めの、エネルギー問題は蚊帳の外、餓鬼、畜生道をさまよう、浅間しい手合いの陣取合戦といった方がいい。（中略）

　田原は、ドキュメントノベルと銘打って、この壮大なるまやかしに挑戦した。（中略）田原は、べつだん声高にさけぶわけでも、詠嘆を久しくするのでもない。現実に起った原子力発電所の、燃料棒にまつわる事故をとり上げ、これをポイントとして、わが国エネルギー事情の渦巻き、煮えたぎる種々相をえがき出す、フィクションの面を色どり綾なす人物の配置もところを得ていて、ドキュメントをさらに輝かしくさせ、妙ないいかただが、TVの方にいて、いつこんなテクニックを身につけたのだろうと、雑誌に掲載された時、感心したことを思い出す。

（講談社文庫、一九八一年）

僕のこの仕事については、四〇年以上前に野坂が書いてくれたこの解説に勝るものはないと思っている。

ところで、連載三回目ぐらいで、あることに気がついた。当時から、原発をめぐる市民運動が全国的に展開されていたが、それは必ずしもアンチ原発だけではなく、原発を推進する運動もあることに、だ。

要は、市民運動、学生運動、過激派対策として公安警察が治安のために編み出し、権力と一般市民の関係強化による過激派掃討計画として展開したCR（コミュニティ・リレーションズ）作戦が、原発反対運動対策にも持ち込まれ、大手広告代理店がその仕切り役を演じているという実態だ。僕は『原子力戦争』でこのことに注目し、具体的に暴いてしまったわけだ。

正体不明の集会やシンポジウムがやたらにあり、なかには運動グループ自体が実は原発推進側の情報収集機関であったり、あるいはグループの連中は真面目なのだが大本で巧みに操られ、住民運動の攪乱《かくらん》に役立ってしまったりという例も数多くあった。そのため、住民運動をやっている人間たちの間に相互不信の気分が漂っていた。住民運動を分断し、懐柔しきれない住民運動、つまり推進側にとって「悪い住民運動」は孤立させ、包囲殲滅《せんめつ》するという戦術が、どうやら着実に進展しているようだった。

住民運動のあり方を問い直すシンポジウムの陰のプロデューサーが実は大手広告代理店で、ラジカル文化人をお車代一〇万円で籠絡したりもしていて、なかには原発建設のための攻略プロジェクトに取り込まれているラジカリストもかなりいた。そして、同じ大手広告代理店が「原子力を考える」集会を陰でプロデュースしているらしい。

その大手広告代理店こそ、電通だった。

どの出版社も電通を書くのは「ノー」

電通は怒って、こんなことを書いているやつの局にはスポンサーをやらないぞと、東京12チャンネルに怒鳴り込んできた。スポンサーを付けないと言って、大きな番組企画から降りてしまった。

僕は、この取材をするために休暇を取っていたし、取材の仕方に何もやましいことはなかった。だが、上司からは露骨に圧力がかかってきた。

「会社は、君のために重大な損失を被っている。『原子力戦争』の連載を打ちきってほしい」

当時、東京12チャンネルは後発局。電通からスポンサーをもらえなかったら、倒産だ。

僕は「考えさせてほしい」と態度を保留した。数日後に僕の上司の部長、局長が譴責《けんせき》処分されるということが社内に張り出された。僕に対する管理不行き届きということだった。態度保留している僕に対する見せしめだった。

僕としても選択せざるを得なかった。『展望』連載は意地でもやめるわけにはいかない。となると、会社を辞めるしかない。退職届を出すと、退職願でなければ受け取れないとも言われた。電通の影の大きさをそこで見た。

黒木和雄監督『原子力戦争』は、一九七八年にATGで映画化・公開された。原田芳雄扮《ふん》するヤクザが原子力発電所をめぐる利権争いに巻き込まれるという、僕の原作とは違ったものになった。黒木和雄は岩波映画時代の同僚だったが、僕の原作を読み、彼の視点で映画化してくれた。

岩波映画、東京12チャンネルと、僕のサラリーマン生活はこれで終わった。そこからは筆一本のフリーライターとしての新しい人生が始まった。四二歳、一九七七年一月三一日付での退職だった。

さて、電通問題はそれでは終わらなかった。僕も終わらせるつもりはなかった。遺恨試合で、いつの日か電通を書かなければいけない、書きたいと思っていた。

そこで、出版社に問い合わせた。文藝春秋、講談社、小学館に電通をやりたいと言ったら、どこも「ノー」だった。文藝春秋は花田紀凱《かずよし》はＯＫだったが、一週間ぐらいしたら悪いけどうちではできないと言ってきた。

驚いた。ここまで電通のメディア裏支配は進んでいるのか。

そんな折、どこで聞きつけたか、朝日新聞が僕に電通について本を書いてくれと言ってきた。本当にやれるのかと問うと、朝日はＯＫだという。

『週刊朝日』で連載することになった。もちろん、朝日でも事は簡単には進まなかった。一回目の原稿を送ったら、三日目に編集部から全面的に書き直してくれと言われた。電通からクレームが入ったと僕は聞いた。

「田原さん、どうぞ自由に書いてください」

その時、僕の親しい人間が、電通の広報担当の専務、木暮剛平《こぐれごうへい》を紹介してくれた。木暮はその後、電通社長・会長を経て相談役になった人で、日本広告業協会理事長、日本広告業協会会長として広告代理店業界の発展に尽力した人だ。木暮に会って話をする機会があった。

僕は、木暮に率直に言った。

「電通についてノンフィクションを書いている者だが、電通からのクレームで、『週刊朝日』

編集部が書き直してくれと言ってきた。『週刊朝日』以前にもいろんな出版社に声をかけたが、いずれも電通はタブーだと取りつく島もなかった。僕には電通をあらかじめ色眼鏡で見て書くつもりはない。電通という組織の真の姿を世の中に知らせたい。何でマスメディアがあなた方を怖がるんだ。むしろそっちの方が問題じゃないか」

木暮の受け答えはこうだった。

「本音を言うと、広告代理店業界は従来のやり方で仕事をやっていたのでは商売になりません。電通ももちろん同様です。この業界をどういうビジネスモデルにしていけば生き残れるのか、いままさに試行錯誤している真っ最中だ。田原さん、どうぞ自由に書いてください」

広報担当専務が自由に書いてくれと言う。このたった一つの話し合いで、タブーだったはずの電通がそうではなくなった。

木暮は取材にも協力してくれた。資料やデータも提供してくれた。

電通帝国がいかにパワフルか。僕はその年賀会を取材して驚いた。それは、一九八一年一月一二日、帝国ホテルで開かれた。ホテル二、三階を借りきって、出された料理はローストビーフだけで五四〇キロ（牛四五頭分）、舌平目一二〇〇匹。のべ五〇〇人のコックが動員され、接待は二〇二人の女将《おかみ》、芸妓《げいぎ》らが対応、味処《あじどころ》では二万匹のドジョウが集まった人々の胃袋に消えたという。

招待客の顔ぶれも大したものだった。メディア関係者はもちろん、中曽根康弘（行政管理庁長官）、中川一郎（科技庁長官）、桜内義雄（自民党幹事長）、福田一《はじめ》（衆院議長）ら自民党をはじめ、各党から錚々たるメンツが参会、経済人も永野重雄、五島昇《ごとうのぼる》、中内㓛《いさお》をはじめとして一流会社のトップがズラリ顔を並べていた。

単に各界の著名人を集めて、食事をさせただけではない。電通でなければできないような芸能タレント総出演によるエンターテインメントまで揃《そろ》っていた。メイン会場（孔雀《くじやく》の間）では、都はるみ、森進一らスターが競演、富士の間では、由紀さおりの司会で日劇ミュージックホールの踊り子たちが魅惑的なダンスを披露した。

このイベントを裏で支えた電通社員は二〇〇〇人。前年の七月から準備していた。その台本を見せてもらって、また驚いた。きめ細かに演出、接待方針が書き込まれていた。

「統一テーマを〝創立八〇周年〟とし、日本の祭りを展開テーマにして、会場全体に〝祭り〟の雰囲気を出すために、祭りの提灯《ちようちん》、武者凧《むしやだこ》などで装飾する」

「服装はディレクタースーツ（黒上衣、縞《しま》ズボン）とし、名札を着用する」

朝日新聞の天声人語（一九八一年一月一六日付）もこのイベントについて「綿密な企画力、一糸乱れぬ組織力、お祭りをもりあげる演出力、一流意識、お得意をもてなす心、そして、最新の映像技術を紹介することも忘れない商売っ気」と紹介していたが、まさに、自分たちに依頼があればここまでのイベントを仕切ってみせますよという一大デモンストレーションの場だった。

メディア帝国・電通の凄まじい支配力

電通のマスコミ支配の凄まじさについても驚くべき実態を掴むことができた。電通のマスコミ各社への出向社員名簿を入手した。それを見ると、テレビ局中枢にいかに多くの電通マンが送り込まれているかがよくわかる。当時で言うと東京放送（ＴＢＳ）四人、関西テレビ五人、テレビ朝日一人、東京12チャンネル一人。全国津々浦々きめ細かい電通の人脈ネットワークが構築されていた。

僕のあの『原子力戦争』をめぐる電通からの圧力問題のからくりが見えるようだった。

電通が社長以下五人を送り込んでいた「ビデオリサーチ」にも注目した。視聴率調査会社として、すべてのテレビ番組、テレビ局の命運を握っているところである。電通の傍系会社と言っていい。僕は先に視聴率民主主義という考え方を熱く語った。新聞と違ったテレビのメリットとして、視聴率を稼ぎさえすれば、つまり視聴者が僕らの作った番組を見ているよと票を入れてさえくれれば、どんなタブーに挑戦する番組でもオンエアできるんだということを語った。

その思いに偽りはないし、そういう力学のなかでテレビの仕事をしてきたと自信を持って言えるが、その数字を出すセクションが、メディア帝国・電通の傘下にあることも同時に忘れてはならないのだ。

コネ入社の実態調査もした。電通は別名「コネ通」とも呼ばれていた。入社試験、採用の段階で、政治家、経済人、マスコミ界、学会、作家、芸術家など有力者の子弟を意図的に採って、それを商売に使う。なかにはできの悪いのもいるけど、結果的に彼らが人質役となって、契約を維持したり、新しい仕事を開拓したりできるという仕組みだ。

これは面白い。僕はまさにコネ世界とは無関係な出自だったから、ここは徹底的に取材した。さすがにこの資料まで電通に出せとは言えないので、自分たちで調べ上げた。世の『人事興信録』『日本紳士録』『日本紳士年鑑』などの紳士録と、電通の社員録を突き合わせて、はっきりと親子、兄弟、孫などの関係が摑めたものをリストアップして、「電通社員を家族に持つ各界名士一覧」として掲載した。

その「コネ通」マンの数一一九人。本人の役職と、父親あるいは祖父などの実名・最高位の役職をズラリと並べ立てた。西郷隆盛のひ孫とか、東大総長の息子とか、政治家の子弟とか、圧巻だった。

電通が単なる広告代理店ではなく、いかに情報戦略産業としての機能をレベルアップさせていくか、そのなかで政治との関わりを深めていくか、という現在につながる観点からもリポートした。

僕は田中角栄時代の政権の広報戦略の変化について注目した。田中は政権を握ってから一九七三年五月内閣広報室を設置、政府広報予算を同年は三六億円と前年から一挙に七割増やした。当時はまだ社会党、共産党が強い時代だった。それらの政党の支援を受けた革新知事も全国いたるところにいた。

自民党が政権政党として生き残っていくためには、いかに広報戦略が重要であるかということに田中は目覚めた。それに乗っかってきたのが電通だった。電通が七三年二月に「自由民主党広報についての一考察」と題したプレゼンテーションをしている。そこで以下のように指摘されていることが興味深い。

自民党は新聞・テレビ記者とは、記者クラブ（平河クラブ）を通じて結ばれており、特にリレーションの関係では問題ないが、出版社系の週刊誌には対策として定まったルールの下に十分なリレーションは持っていない。週刊誌は新聞と違って物事を側面的、裏面的にストーリー化する傾向があり、自民党としては今後これらの雑誌記者とのリレーションを濃くする必要がある。

これはいまからしても、実によくできた提言だった。その一年半後に、まさに出版社系月刊誌であった『文藝春秋』が、立花隆、児玉隆也《たかや》の金権、女性問題の二大リポートによって、田中角栄を辞任に追い込むのだから。

公共性を失い、金儲《かねもう》けに走った電通

『週刊朝日』では電通について一八回連載した。外部からはもちろんだが、電通内部からの反応もすごかった。電通がタブーであり続けたのを初めて打ち破ったこともあったと思う。電通マンが電話やハガキで、あるいは取材中の僕を呼び留めて、率直な感想を述べてくれた。

僕にとっては『原子力戦争』ともども活字ライターとしてやっていくうえで大きな自信になった。

その後も電通との関係は続いている。取材に協力してくれた木暮の後の社長であった成田豊《ゆたか》もその一人だ。成田の時に僕は、彼を中心に、これから日本はどうすればいいんだという勉強会をやった。勉強会には、総理大臣になる前の小泉純一郎も入ってくれた。

ところが、成田以降の電通は、この国をどうするかという問題意識に基づく社会的貢献や、広告代理店の公共性を失ってしまったように僕には思える。金儲けに走ってしまった印象だ。

最近の東京五輪汚職も、そういう変質した電通が必然的に生まざるを得なかったスキャンダルなのではないだろうか。大会のスポンサー選定をめぐり、東京五輪組織委員会の元理事である電通出身者が東京地検特捜部に逮捕、起訴された。自らが経営するコンサルタント会社や知人の会社を通じて、紳士服大手ＡＯＫＩホールディングスや出版大手ＫＡＤＯＫＡＷＡなどから、スポンサー選定などで便宜を図ったことへの謝礼などとして多額の賄賂を受け取っていた。他の広告代理店の幹部も逮捕されている。

率直に言って、電通も地に落ちたものだと思った。

仲間内経営という言葉がある。常日頃から仲よくする。時には金のやりとりもする。賄賂を贈った方も、もらった方も一種の共犯者になる、そのことがビジネス関係を強化し、さらなる仕事につながっていくという日本的経営のことだ。

日本的ムラ社会のなかでは、企業取引もまたそうなってしまう。逆に言えば、その仲間内経営に染まれない経営者は、とても苦労する。

京セラの稲盛《いなもり》和夫がそういう人だった。僕は若い時からよく知っているが、日本ではまったく商売ができなかった。経営者の仲間作りをしなかったからだ。仲間というのはいいことも悪いことも一緒にやるものだ。稲盛はそれを嫌い、一切しなかった。だから日本ではどの企業も京セラとビジネスをしなかった。

そこで稲盛は米国に行く。米国の大企業とビジネスをする。向こうは仲間かどうかは関係ない。ただ、製品がいいか悪いか、コストパフォーマンスがどうかで判断する。稲盛は米企業相手に何回か自社製品を売り込んだ。一回目は失敗したが、ついには米国の大企業に京セラの製品を売ることができた。その結果、初めて日本企業が京セラ製品の優秀さを認めたのだ。

仲間内経営、もたれ合い談合の中枢にいた電通は、行きつくところまで行ってしまった。かつて僕が取材した頃の、どう見るかは別として、日本の未来に能動的に関わろうとしていた電通とは姿も形も変わってしまったということだ。

【倉重メモ】ジャーナリスト田原の「転向」について

猪瀬直樹に、ライター時代の田原について訊いてみたい。

猪瀬は、ライター時代の田原が、東京12チャンネルのドキュメンタリー時代の田原から大きく変身したこと、つまり田原自身が述べるように、取材対象がこれまでの学生運動や市民運動やアウトサイダー的なものから、実体経済や情報産業や権力中枢の政治的な動きに変わったことを重視する。その背景には、全共闘運動が一九六九年一一月の佐藤栄作訪米阻止闘争で実質的に終わりを迎え、翌七〇年の大阪万博以降、日本社会の空気がガラッと変わったことがあると指摘した。

「田原さんもたぶん時代の変化に混乱したと思う。それからの田原さんは『文藝春秋』や『中央公論』のライターとして、権力中枢のあちこちところかまわずマイクを突きつけるように取材してきた感じだ。角栄にもマイクを突きつけた。それは野球の投手のスタイルで言えば、左のアンダースローから、右のオーバースローに変わったということだ。日本的な進歩的文化人のなかでは、左のアンダースローも通用したが、ワールドワイドのストライクゾーンは右のオーバースローによって可能だということに気づいた」

なぜ田原は投法を変えたのか？

「大きな時代状況の変化のなかで、リアルは何なのかを考え始めた。探し始めた。安全保障を米国に委ねたままの日本は架空の国家、いわばディズニーランドのような国家で、そこにリアルはない。ディズニーランドでは、鉄砲がおもちゃだから当たっても死なない。そこで田原は角栄という戦後民主主義の化け物にも遭遇した。戦後民主主義から生まれた化け物は、何かとリアルを求めて突き進んできた」

猪瀬は、『文藝春秋』一九八一年二月号の田原の角栄インタビューを評価した。

「立花隆は角栄をけちょんけちょんに批判したが、田原さんは角栄から真面目に話を聞いた。角栄は田原インタビューに対し、予算や制度のコンサルタントのように法律を熟知していることを明らかにし、それは議員立法をたくさん行ったからだとして、具体的な法案名を挙げた。明治憲法下では勅令があり議会の比重は低かったが、戦後の憲法は、国会を国権の最高機関として位置づけた。ＧＨＱから衆参の議院法制局を作って、国会議員が立法するという指導があった。その新制度に角栄が乗っていった。官僚でもない、学歴もない角栄は、その議員立法を利用することで官僚機構を克服し、権力の頂点に立った。これまでの角栄研究は金力で権力を摑んだというダーティーイメージが強調されてきたが、それだけでは、いくら角栄でものし上がることはできない。戦後民主主義という制度と角栄という個性が交錯した時、初めて総理大臣、田中角栄が誕生した。田原インタビューはその角栄権力の秘密を解き明かすヒントをくれた」

猪瀬の「左のアンダースローから右のオーバースロー」への投法の変化という分析は、言い得て妙である。田原の言うドロップアウト派からドロップイン派への転身とも通じるだろう。そこには、リアルを求めたジャーナリストとしての田原の「転向」があったと言ってもいい。

第八章　田中角栄が踏んだ「虎の尾」

——自立を志向する首相はアメリカに潰される

一九七六年に『原子力戦争』を書いて、七七年一月に東京12チャンネルを退職、八一年九月には前章で触れた『週刊朝日』の連載をまとめ朝日新聞社から『電通』として出版し、ライターとしての自信もついてきた。

僕がライターとして世に知られるようになった仕事がもう一つある。それが、前にも触れた「アメリカの虎の尾を踏んだ田中角栄」（『中央公論』一九七六年七月号）という論考だ。

想像力による深掘りがスクープとなるケース

戦後疑獄史上最大の事件として前首相・田中角栄が受託収賄罪で起訴されたロッキード事件の真相は、単なる金権政治家への外国企業からの巨額献金事件ではなかった。背景には、アラブを含めた世界の石油、ウラン燃料の供給源を抑え込もうという米国の国際的なエネルギー戦略があり、そこから自立を図ろうとした田中が、米国の逆鱗《げきりん》に触れた。つまり米国の虎の尾を踏んで逆襲を受けたものであった。いわば田中は、米国の世界戦略の犠牲となった側面もあったのではないかという推論を軸にした記事であった。これが大きな反響を呼んだのだ。

どのメディアも水に落ちた田中を叩いていた。田中のやったことに対して好意的に書くメディアがないなかで、僕は田中批判一色とは異なる見立てを打ち出した。僕のなかにある天の邪《あまのじゃ》鬼《く》と、逆張り根性がその勝負に打って出させた。

反応は二通りあった。世界のエネルギー事情を構造的に俯瞰した立論だと好意的に受け止めてくれる人たちがいた。日米安保における対米従属構造にウンザリしている人たちも興味を持ってくれた。僕に対して激しい批判をすることがある佐高信も、「あれは先駆的な論考だった」と言う。

ただ、大勢は、根も葉もない田中擁護の俗論という受け止めだった。陰謀史観に過ぎないと突き放す人もいた。

ただ、事実は小説より奇なり。ジャーナリズムの役割には、事象の表面を追うだけでなく、ことの深層に何があるかを構造的に掘り下げる仕事もある。また、世論が熱気を持って一方向に怒濤《どとう》のように流れる時、そうではないかもしれないとのもう一つの仮説、視点を提供する使命もある。つまり、事実をもとにして、想像力による深掘りをすることでスクープたり得るような記事もあるのだ。

さらに言えば、戦後の日本政治が、米国を事実上の宗主国とする日米安保体制のなかで、いかに米国から有形無形の支配を受けていたか。それは政権政党である自民党が、かつて米国情報機関ＣＩＡから資金援助を受けていたことに始まる。その後も親米政権は長続きするが、米国の信頼を失うとなぜか短命に終わるという、いかんともしがたい日本政治の従米構造があり、そこにメスを入れることもまた、日本のメディアが担うべき重要な仕事なのだ。

いま思うと、僕の田中角栄論考は、まさにそのニーズに応えたものになったのではないか。世の中が見たい、知りたいと思っていたジャーナリズムの金の鉱脈をドンピシャと掘り当てたのではなかろうか。

作家の丸谷才一らが褒めてくれた。『文藝春秋』や『現代』といったメジャーな雑誌からも原稿依頼が来るようになった。

いずれにせよ、田中角栄とは何者か、ロッキード事件とは何だったのかというところに新たな論を起こしたいという僕の狙いは成功したことになる。僕のジャーナリスト人生においても記念碑的な仕事と言える。

現在の日本と世界の情勢とも無縁ではないテーマなので、いま一度こだわりたい。論考を書くに至った経緯を、周辺状況も含め振り返ってみよう。

一国上げての田中叩きに和せず

一九七二年、庶民宰相として登場した田中角栄は、政権発足直後は日中国交回復などで実績を上げたが、列島改造と第四次中東戦争による狂乱物価に足をすくわれ、次第に精彩を失っていった。

支持率低迷の政権にさらなる追い打ちをかけたのが、立花隆が『文藝春秋』一九七四年一一月号に掲載した「田中角栄研究　その金脈と人脈」だった。立花は文春の調査報道チームとともに、田中のカネの作り方を徹底的に取材し、幽霊会社を使っての公共事業用地売買のからくりなどを解明し、田中を首相辞任まで追い込んだ。

同じ号では、児玉隆也が、田中の金庫番兼愛人である佐藤昭のことを「淋《さび》しき越山会の女王」という記事に書いた。田中の辞任はむしろ児玉の記事の方が影響が大きかったとも言われる。僕は当時フリーライターの駆け出しとして、二人の仕事ぶりを見ていたが、率直に言って「すごいやつらだ」と思った。

一九七六年のロッキード事件は、全日空の航空機選定をめぐって時の総理が外国企業から五億円の賄賂をもらっていたという前代未聞の大疑獄だった。大新聞から雑誌、テレビまですべてのメディアが、東京地検特捜部の捜査情報を右から左に垂れ流し、よってたかってこれでもかといった調子で田中を叩いた。

田中は収賄罪で逮捕、起訴され、東京地裁で初公判が開かれたのが一九七七年一月二七日だ。首相経験者の犯罪ということで、日本国内はおろか世界各国から大きな注目を集めた。

これは僕が東京12チャンネルに退職願を出した月でもあった。フリーのジャーナリストとして仕事をスタートするうえでも関心を持たざるを得ないネタだ。

ただ、世のジャーナリストたちがすでに先行取材しているものを後ろから追いかけるだけでは意味がない。

猫も杓子《しやくし》も田中批判のボルテージを上げているが、そもそも論として、田中角栄は本当に天下の大悪人なのか、という素朴な疑問から始めることにした。いつものへそ曲がりの視点である。もう一つ、僕がテレビマンとして培ってきた勘もあった。数多くのドキュメンタリーを作ってきたが、物事が一つの流れに一気に向かう時は気を付けろ、必ずあやしい気配、いかがわしい思惑がある、という経験則もあった。

その反証を見つけようと、僕はあちこち取材に回った。蛇の道は蛇と言う。ロッキード事件関係のネタが集まる取材ポイントがいくつかあった。

ポイントの一つが、山川暁夫や高野孟が始めた『インサイダー』という情報誌だった。赤坂の裏通りのアパートにその拠点があった。各社のロッキード事件担当のバリバリの一線記者が毎晩のように集まり、熱のこもった情報交換をしていた。一種の梁山泊《りょうざんぱく》のような雰囲気だった。僕も時々顔を出して、求める見立てや情報を探った。

中心となっていた山川暁夫と親しくなった。山川は当時、政治評論家だった。元日本共産党幹部で、一九六〇年代には、「川端治」の名前で安保・沖縄返還問題を論じる共産党切っての論客だった。党本部が分派を志向するとみなした党員を査問した新日和見主義事件で、山川は共産党を除名され、一九七五年秋からは『インサイダー』を創刊し、自ら編集長を担っていた。一九八〇年二月からは高野孟が編集長を引き継いだ。

その山川が、田中角栄を潰したのは米国だという興味深い見立てを教えてくれた。

田中角栄はアラブ側に立ってエネルギー自立論へ

一九七三年一〇月にイスラエルとアラブ諸国との間で第四次中東戦争が勃発した。アラブ石油輸出国機構（OAPEC）が親イスラエル国に対して石油禁輸措置を取り、石油価格を引き上げ、これが第一次オイルショックを引き起こした。日本では田中政権の日本列島改造論と重なって狂乱物価の引き金を引いた。

首相だった田中は、どうやって安定的に石油を確保するか、ジレンマに陥った。イスラエル側につき、従来通り米国のオイルメジャーに全面依存していくか、それとも石油の供給元であるアラブ側にシフトチェンジするか。アラブ側は親イスラエル国には石油は売らないと言っている。

田中が出した結論は、後者だった。中東政策はイスラエル支持からアラブ支持に転換、中東地域以外からもメジャーに頼らずエネルギーを直接確保する道を切り開こうとした。それがオイルメジャー、つまり米国に睨《にら》まれたという説だった。

僕にはこの見立ては面白い、事態の真相の一面を言い当てている、と直感的に響くものがあった。ロッキード事件でこれまで触れられていない重要なポイントが伏在していると感じた。永田町や丸の内を歩くと、政治家や経済人の中に、この元共産党員の山川暁夫説に賛同する人が意外に多かったのにも驚いた。

取材を進めて、この世界に明るくなかった僕にもいろいろな背景が見えてきた。

日本は、あらゆる産業の基本をなす石油の八割を中東に依存していた。米国のオイルメジャーと呼ばれる巨大石油会社がこの地域を含め世界のエネルギー供給をほぼ独占し、日本のエネルギーはその生殺与奪権を米国に握られていたのだ。

エネルギーの安定確保は国家運営の基本だ。日本が太平洋戦争に突入していった背景にも、米国軸の「ABCDライン」による石油輸入ルート封殺の動きがあった。

一兵士として従軍経験を持つ田中角栄は、国家のエネルギー戦略の重要性を理解しており、エネルギー面での安全保障をどう維持するか、強い問題意識を持っていた。その一策として、日本興業銀行の中山素平《そへい》、日本精工の今里広記《ひろき》ら資源派財界人にも相談し、いわゆる和製メジャーなるものを作ろうとしていた。そこに立ち塞がったのが米国だ。

田中は資源外交と銘打って、一九七三年九月二六日から二週間、仏、英、西独、ソ連を訪問している。仏ではニジェールのウラン鉱共同開発と、仏がイタリア、スペインなど四カ国で共同開発している濃縮ウラン工場に加工を委託する案件について協議、英では北海油田への開発参加を取り決め、西独では資源開発協力体制を検討する合同委員会の設置を決め、次の訪問先であるソ連での課題であったチュメニ油田の共同開発に加わらないかとまで誘っていた。明らかに米国とは一線を画した独自のエネルギー戦略を展開しようとしていた。

そして、同年一〇月の第四次中東戦争の勃発。先述のように田中は親イスラエルか、親アラブかの態度決定を迫られていた。米国側からは日米同盟を楯に親イスラエル側に留《とど》まるよう圧力をかけられていた。

日中友好が米国の神経を逆なでした

一九七三年一一月一五日、来日したキッシンジャー米国務長官は田中と会談、米国側の強い意向を伝えた。

「米国と一緒にイスラエルの味方をしてくれとまでは言わない。ただ、アラブの友好国となりアラブの味方をするのはやめてほしい」

それに対して田中は日本が石油資源のほぼ一〇〇%を輸入に頼り、その八割を中東から輸入しているとの数字を挙げ、この局面ではアラブに歩み寄らざるを得ないという日本の苦境を訴え、こと石油資源については独自の外交を展開せざるを得ないと強調した。その言の通り一一月二二日、田中政権は、閣議で石油危機打開のため日本の中東政策を転換することを了承、二階堂進官房長官が、武力による領土の獲得や占領を許さないことやイスラエルに兵力撤退を求め、アラブ支持を明確にする談話を発表した。

さらに、一二月一〇日、今度は副総理の三木武夫を中東八カ国に派遣、「国際紛争の武力による解決を容認しないというのが日本外交の基本的態度」という姿勢を明確化、これが中東諸国の共感を呼び、一二月二五日にはＯＡＰＥＣが日本を「友好国」と認めるに至った。

米国はこの田中内閣の動きに対して露骨に不快感を表明した。

年が明けて一九七四年一月三日、キッシンジャーによる批判はこうだ。

「自国の都合だけを考えて石油危機に取り組もうという日本の試みは、産油国の価格つり上げと、消費国による原油獲得競争を誘発するだけの自殺行為である」

一月二四日には、インガソル国務次官補が東京で会見、日本の対米外交のあり方に警告を発し、内定していたはずのニクソン訪日と天皇訪米の計画を否定した。

田中は、一月初旬から中旬にかけて東南アジア歴訪の旅に出るが、タイ、インドネシアでは激しい反日デモで迎えられた。特にジャカルタでは軍隊まで出動する反日暴動となり、ホテルに缶詰めとなった。日本の経済侵略に対する東南アジア諸国の民衆の不満の表れであったが、背後でインドネシア政府の親米派が策動していたとの情報もあった。

そういった取材の成果を盛り込んだのが、一九七六年の「虎の尾」論考だった。断じて陰謀史観ではなく、山川に重要なヒントをもらった僕の、取材に基づく日本と世界の情勢分析だったのだ。最初に売り込んだ『中央公論』がＯＫを出してくれた。担当は当時編集次長だった水口義朗《みずぐちよしろう》だった。歴史に残るこのタイトルも彼が発案してくれた。

なぜ田中が米国に潰されたのか。一つはエネルギー自立論であり、石油政策でアラブに舵《かじ》を切ったことだろう。もう一つは対中国だ。ニクソンはキッシンジャーを使って、日本に先立って対中融和路線に転換（いわゆるニクソン・ショック）したが、実際の国交回復は田中に先を越された。この二つが米国の神経を逆なでしたのだと思う。

歴代首相を緊密に縛りつける「虎の尾」

そして、ここがさらに重要なのだが、実はこの「虎の尾」論は、いまだに日本政界に生きている。米国に逆らうと田中角栄の二の舞になるという伝説的教訓として、である。田中以後の歴代政権は、僕の見立てによると、それまで以上に米国の意向がどこにあるのかを気にするようになった。米国と良好な関係を築けば政権は長持ちするし、そうでなければ短命に終わる、という力学がより明確になってきた。

ロナルド・レーガンと「ロンヤス関係」を作り上げた中曽根康弘は五年、ブッシュ・ジュニアと蜜月関係を築いた小泉純一郎は五年五カ月、トランプと良好な関係を維持した安倍晋三は七年八カ月（第二次政権）首相を務めたが、日米対等や米国抜きの東アジア共同体構想をぶち上げた鳩山由紀夫は一年足らずで政権を追われた。

中曽根康弘の例がわかりやすい。彼が僕に対し、専守防衛とは米国の抑止力に日本の安全保障を委ねることだという本音を漏らしたことについては前に述べた。首相在任中には対米協調という名の下に、米国に譲歩することが多々あった。

一九八五年のプラザ合意では、日米の貿易不均衡を解消するために円高・ドル安を容認した。八六年には米国からの要請で「前川（春雄元日銀総裁）リポート」を作り、米国企業が参入できるよう大規模な内需拡大策を取りまとめた。八六年から一〇年越しで有効であった日米半導体協定では、外国製半導体を二割以上使わざるを得ないという強制的な輸入割り当て制を導入し、米国製品を極力購入するよう指導した。

中曽根のオーラルヒストリー『天地有情　五十年の戦後政治を語る』（伊藤隆他聞き手、文藝春秋、一九九六年）に気になるくだりがある。ロッキード事件からしばらくたった後、中曽根の元にキッシンジャーが訪れ、田中角栄を逮捕したロッキード事件は米国側の誤りであったという趣旨のことを漏らし、中曽根がやはりあの事件は米国の差し金だったのかと悟る場面だ。

この中曽根の過敏なまでの「虎の尾コンプレックス」は、その後輩たちにも受け継がれたのではないかと僕は思っている。

小泉純一郎は、二〇〇一年にはテロ対策特別措置法を成立させ、海上自衛隊を米軍のアフガン後方支援に派遣、〇三年にはイラク特措法を成立させ、陸上自衛隊をイラクに送った。安倍晋三は、従来できないとされた集団的自衛権の行使を解禁、岸田文雄はこれまた専守防衛路線とは相いれない敵基地攻撃能力の保有と大幅な防衛費増強を認めたことは先述した通りだ。いずれも米国側の強い要請によって、これまでの路線を転換した格好の事例である。

僕が第一章で展開した日米安保における日本の主体性の回復というテーマは、歴代首相を緊密に縛りつける「虎の尾」という面からも考察されなければならないのだ。

田中角栄は法律を知悉《ちしつ》して戦後日本に挑んだ

田中角栄とはもう一つ因縁がある。『文藝春秋』一九八一年二月号掲載の「田中角栄独占インタビュー　元総理六年間の沈黙を破る！」だ。

このインタビューについては、田中が僕にその時に渡した一〇〇万円の件で触れたが、実に面白いものだった。

午後一時から目白の田中邸でやるというので三〇分前に行ったが、いつまでたっても田中が来ず、始まらない。早坂茂三秘書にどうなっているんだと訊くと、田中が前日に「田原総一朗についての資料を一貫目集めてこい」と指示し、朝からそれを読んでいるという。一貫目といえば約三・七キロだ。インタビュアーである僕のことをとことん調べようという。面白い男だと改めて思った。

五時間インタビューして原稿にしたが、その後、田中が大幅に朱を入れてきた。当時、田中はロッキード裁判中で、裁判にマイナスになりそうな箇所などは全部削ってしまった。

そういう意味で、記事の仕上がりは僕の思い通りにはならなかったが、お金の一件もあり、この取材で田中との距離は一気に縮まった。それ以降もさらに関係を深めることができた。

政治家としての田中と付き合うなかで、彼が僕に何を教えてくれたか。

一つは、政治家としてのずば抜けた構想力だ。一九六八年に発表した「都市政策大綱」がその典型だ。背景には、六七年の美濃部亮吉《みのべりようきち》都知事誕生に代表される革新自治体の跋扈《ばつこ》があった。なぜ自民党が負けたのか。田中は敗因を徹底的に分析し、労組・革新勢力側の福祉拡充、反公害路線に対抗するために、これまで誰も考えたことのないような構想をひねり出した。

つまり、日本列島を北海道から九州まで一つの大きな都市と捉え、日帰りで行き来できるよう、新幹線、高速道路網を構築し、橋とトンネルでつなぐというダイナミックな発想だ。日本が戦後一貫して称揚してきた「個」を抑え、「公共福祉」を優先するという哲学の変更もあった。これが四年後の「日本列島改造論」の下敷きになる。

議員立法でも一頭地を抜く存在だった。三三本も成功させた。彼にその秘訣を訊いた。

「吃音《きつおん》矯正のため子どもの頃から毎朝畑に出て、六法全書を大きい声で読み上げていた。ほぼ暗記していたから法律を書くのも抵抗がなかった」

一年生議員になった時には、「小学校しか出てないのにいつも六法全書を抱えている」と吉田茂首相にからかわれたと言う。ところが、吉田の口頭試問に全部スラスラと答え、一年生で法務政務次官になった。

ドロップアウト派からドロップイン派へ

田中がもう一つ面白いことを言っていた。なぜ自分が法律に詳しいか、「それはだな」と言うにはこうだ。

「戦後、GHQが来て日本の法律を全部解体して組み直した。占領軍が引き上げた後、それをまた日本にあったものに作り変えた。そのプロセスを全部知っているから詳しいんだ」

またこうも言った。

「GHQは占領中に対日統治方針を切り替えた。米ソ冷戦が起きる前には、憲法九条の下日本の軍事的弱体化をいかに進めるかが重要だったが、冷戦勃発後は自衛隊の創設など、いかに日本の軍事力、経済力を強化するかに変わった。その二方向の法制度を国会議員として両方見てきた強みがある」

戦後日本の歩みを集約した面白い分析だと思った。

政治家としての魅力もずば抜けていた。福田赳夫《たけお》との角福戦争についてはこう言っていた。

「福田は東大法学部を卒業、大蔵省（当時）で局長までやった。政財界で福田を囲む会が三四あり、全部カネになる。俺に関わる会は二つ、新潟県人会と小学校の同窓会だ。全然カネにならない。だから俺は井戸は自分で掘らなければならない」

つまり自分は金権しかないというある種の居直り宣言だ。井戸をどんどん掘った。自分の派閥以外、野党にも配った。だから選挙で福田に圧勝した。

田中が教えてくれたことは、僕が政治を取材するうえでのジャーナリストとしての血肉となっていった。

ことほどさように、田中とは不思議な縁で結ばれている。世の中が一斉に田中叩きをしているなか、田中はある意味の被害者だという別の視点を提供した。田中が世のメディアを総じて拒否するなか、独占インタビューを実現した。田中の金を断った。僕の取材にはあの田中も応じるという「田中印」を得ることができた。その後、僕が政界に人脈を広げていけたのも、この「田中印」のおかげという面は否定できない。

田中という巨大な権力を取材したことが大きなきっかけになったのか、僕の取材対象はどんどん広がっていった。数多の雑誌から仕事も来るようになった。

『通貨マフィア戦争』（文藝春秋、一九七八年）では、日本が一九七三年に変動相場制になったのを受け、相場が刻一刻と変化する渦中で、その価値を決定する米英日仏の金融当局者たちの極秘裏の会合を追った。『週刊ポスト』ではエネルギー問題の記事を執筆し、ドバイ、アブダビ、サウジアラビアを駆け回った。「韓国　黒い癒着からの離陸《テイクオフ》」（『文藝春秋』一九七七年八月号）では、韓国経済の意外な発展ぶりをリポートした。

その他、官僚論、検察、創価学会、左翼、風俗、メディア論、健康問題、生命科学、プライベートの自分の自伝的なもの、討論ものと、面白いと思う題材はどんどん取材し、連載し、本にしていった。最盛期には月に一冊というペースで出版していたこともあった。

取材対象も、テレビドキュメンタリーを作っていた時のように社会からドロップアウトしていく人々ではなく、民間会社なら担当の部課長から役員ら、霞が関で言えば各省のこれまた部課長から次官まで、政治家で言えば、大臣から権力中枢の人々にまで、総じて「ドロップイン」派に変わっていった。時代を見極めようという好奇心はまったく変わらなかったが、ここに僕の一つの転換があったことは確かだろう。

【倉重メモ】高野孟がライター田原を回顧する

「『虎の尾』は田原さんの出世作であると同時に、歴史に残る論文だ。皆が田中角栄を悪とするなか、別の見方を示した。ジャーナリストというのは、一色に染まっている時に、そうじゃないかもしれないと逆張りするのも一つの役割だ」

田原のライター時代を高野孟に語ってもらおう。高野は山川暁夫の後の『インサイダー』編集長。後に田原から頼まれ、雑誌の取材を一緒にするようになる。

「あれは山川説そのものだった。ロッキード事件の情報交換の場で、山川さんが米国陰謀論を説いて、田原さんが追加取材して書いた」

「大ヒットしたのは、タイトルもよかった。真実のある断面を見せたという意味では、画期的だった。米国でも注目され、英訳された。それを読んだ米国人記者が田原さんに会いたいと来日し、僕が応接したこともあった。ダン・スナイダーといって、ライシャワー大使の時のスナイダー公使の息子さんだ。スタンフォード大学で国際関係論を専攻、米国の左翼系雑誌の記者だった。米国では『虎の尾』論は誰も言っていない、どういうことなのか、と訊いてきた」

米国に潰されたという論の信憑《しんぴょう》性についてはどう思う？

「微妙なところがあり、すべてそれで説明してしまうと完全に陰謀論になってしまう。角栄のなかには、戦後の米国による石油支配を脱しエネルギーで自立を果たそうとする『資源自立外交』の志向があったし、キッシンジャーの側には、日中が米中の先を越して国交回復したことへの不快感があった。ただ、いま言ったように、それをクローズアップし過ぎると陰謀論になる。米国側がそういうことをしたとする証拠はない。あくまでも事態の一面への推測だ」

田原との出会いのきっかけは？

「最初の接点は一九七六年だった。『実は12チャンネルを辞め、フリーになって活字の世界で生きていくつもりだ。いくつかの出版社から長期連載企画の話が来ている。ついては僕を手伝ってくれないか』ということだった。すでに田原さんは『原子力戦争』を出して大好評だった。僕と『週刊ポスト』にいた加納明弘君らで取材チームを作った。そこから多忙の日々が始まった。僕らが情報を集めるデータマンをやり、田原さんがアンカーとしてまとめた」

ノンフィクションの書き手としての田原は？

「彼は最後は全部自分で書く人だった。いずれもわりと長い連載企画だったが、ほとんど何も知らなかったテーマ、事象について、レクチャーを受けると、要点をぱっと摑んで書く力があった。本来文学青年だから、ジャーナリストとしての正規の訓練も受けてない。その代わり感性が豊かで、直観力のすごさにびっくりすることがたくさんあった。書く時のストーリー仕立ても上手だった。ただ、論理性という点では弱く、それは僕らとの相互補完制だった。僕はかつて共産党早大の総細胞長だったし、加納君も東大駒場共闘会議事務局長だった。元左翼としてその手の論理立ては得意としていた」

記事の発表媒体は？

「仕事はいくらでも来た。『文藝春秋』がメインだったが、『現代』『ポスト』『潮』からも来た。食うや食わずでやってきた僕たちに、『文藝春秋』が何カ月分かの生活費と取材費を面倒見てくれた。あの頃は取材費が潤沢で、海外出張もできた。ロッキード事件だけでなく、同時並行でいろいろ取材した。その頃の文藝春秋は、『週刊文春』の部屋の横に小部屋が三つ四つあって、ここは『田原部屋』、そっちは『立花（隆）部屋』、『上之郷《かみのごう》利昭（ノンフィクション作家）部屋』などと言っていた」

立花隆との関係はどうだったか？

「田原さんと立花さんの直接の接点はなかったのではないか。旺盛な好奇心、精力的な執筆力と共通点はあったが、互いに遠目に見ているライバルという感じだった」

田原が扱うジャンルは、政治が中心？

「取材対象は何でもかんでもだ。彼のニュース判断は、それが面白いかどうかで、ある意味単純だった。ただ、常に面白いことを見つけ出した。その対象領域も広く、日本の鉄鋼業の行方、国際通貨戦争、通産省（当時）の野望、日韓癒着構造など、いろいろ取り上げた。取材対象者でも相手の人物を見抜いてしまうという力があった。ある意味では非常に的確だった」

他の記者にない田原の独自性は？

「逆張り手法だ。それはテレビ時代からずっと一貫している。とにかく違う視点から捉え直すことのダイナミズムをジャーナリスティックに追求した。リクルート事件も田中角栄も冤罪だと。それは一面、マスコミが記者クラブジャーナリズムとして当局発表を右から左に流していることに対して抵抗するという役割があった。めくり返してみる、ちゃぶ台返しみたいなことが好きだった」

ジャーナリストとしての関心領域をエスタブリッシュメントの世界まで広げ、高野らをスタッフとして従えて、フリーライターとして実績を上げた田原は、再びテレビの世界に戻ることになる。「朝生」「サンプロ」という二つの武器を抱え、田原のモンスター的なジャーナリズムが幕を開けようとしていた。

第九章　「モンスター」の誕生と転落

――テレポリティクスが僕を傲慢にした

岩見隆夫という男がいた。毎日新聞で長らく「近聞遠見」という名物政治コラムを担当していたベテラン政治記者で、二〇一四年に亡くなって、かれこれ一〇年たつ。一九三五年生まれだから三四年生まれの僕より一歳年下だ。大連生まれの引き揚げ者で、敗戦で価値観が一転した僕と同じ、いや、さらに過酷な体験の持ち主だ。岩見とは、よく日本の政治のあり方について議論を戦わせた。その岩見が僕のことを「モンスター（怪物）」と呼んでいたことを、つい最近知った。岩見担当の編集者が教えてくれた。

後で詳しく触れるが、佐高信が僕のことを「権力に擦り寄る田原」と猛烈に批判していた時、岩見は、「佐高の気持ちはわからんではないが、田原総一朗というのは、佐高のああいう批判で済むような人物ではない。戦後が生んだモンスターのようなジャーナリストだから」と言ったという。へえ、と思った。岩見とは親しかったが、生前の彼とはそんな話をしたことはなかった。

「モンスター田原総一朗」は虚像か実像か

ただ、その言葉を拳々服膺《けんけんふくよう》しているうちに、言い得て妙かもしれないとも思うようになった。テレビ界に戻った僕は、確かに「朝生」「サンプロ」という二つの番組のコーディネーター役として永田町への影響力を強めていった。政治家をスタジオに呼んでは、問い質すことを得意とした。政治家もまた僕の番組に出たがった。番組でのやりとりが翌週の政治を動かしたこともあったし、僕が問い詰めて言質を取ったことが総理大臣三人の進退につながったこともあった。

ジャーナリストとしての発信力が並外れているという意味での「モンスター」ならば胸を張りたいところだが、たぶん岩見の言わんとしたのは、「一国の政治を動かしている」という僕の驕《おご》りに対する牽制《けんせい》の意味もあったのではなかったか。あるいは戦後社会に蠢き、徘徊《はいかい》する素姓の知れないジャーナリストという意味もあったか。

いずれにしても、いま僕は「モンスター」の称号を率直に受けたい気がする。果たしてどんなモンスターだったのか。それは本当に僕の実像だったのか。テレビが生んだ虚像に過ぎなかったのか。真摯に振り返ってみたい。

一九八〇年代後半、僕はまたテレビの世界に戻り、二つの大きな番組を起ち上げることになった。一九八七年四月からは「朝まで生テレビ!」という深夜討論番組のコーディネーター役、八九年四月からは「サンデープロジェクト」という時事報道番組の司会を担当するようになった。

時代は激動していた。米ソ冷戦が終焉《しゅうえん》に向かい、日本政治も、保守と革新が対峙する五五年体制と、金融バブルがともに崩壊するという大きな節目を迎えていた。情報とその解説に対するニーズがかつてなく高まった。一部インテリや社会の中枢にいる人たちだけでなく、お茶の間の大衆こそが、世の中がどうなるかを知りたがっていた。活字による小難しい解説よりも、顔と声のあるテレビという媒体を通じてのわかりやすい、なるほどと思うような論戦と時事解説を欲していた。

このニーズを先取りし、それに最もよく応えたのが「朝生」であり、「サンプロ」であったと思う。「朝生」では、思想的な左右に関係なく、あらゆるテーマにタブーなくチャレンジし、「サンプロ」では、永田町の主要政治家が勢揃いし、僕が突っ込むことによって彼らが本音を漏らし、時の政局を動かした。僕がそこで、いわゆるテレポリティクス（テレビの影響力を通じて政治や世の中を動かす現象）の時代の寵児《ちょうじ》にのし上がっていったのも事実だ。

「田原は裏の自民党国対委員長だ」

「いや政調会長だ」

そんなふうに言われたこともあった。首相を辞めさせた男、自民党を動かす男という虚名も膨れ上がった。僕自身もあの時代は傲慢になっていたと、いま振り返っても思う。結果的に「サンプロ」をやめざるを得なくなるのもそのせいだが、それは後で語ろう。

まずは、僕がなぜテレビの世界に舞い戻ったのか、二つの番組とどう付き合うようになったか、からだ。

時間制限なしの討論番組を作ったらどうか

東京12チャンネルを辞めてからの一〇年近く、僕は必死に活字世界で生きてきた。出版社とタッグを組んでチームを編成し、政治・経済から健康、生命、科学まであらゆる分野を渉猟し、時代の先端を捉えるノンフィクションを書いてきた。

だが、どうもそればかりに没入することに疲れてきた。活字には活字の魅力がある。自分の体から絞り出すようにして言葉と文章をひねり出す。出した原稿が製本されて本になり、書店に出回る。書評が出て、読者からさまざまな反響が来る。ジャーナリストとして、この経験によってなんとも言えぬ充実感に満たされたのは確かだが、やはり僕はテレビの世界が恋しくなった。

そんな時にテレ朝の編成局長だった小田久栄門から相談を受けた。一九八六年秋のことだ。夜中の番組を開発したいが、いいアイデアはないかという話だった。僕は、小田とはテレビ論をほぼ共有することができていた。視聴率が取れ、スポンサーが獲得でき、話題になるものであればよし、テレビで放送するに足るというものだった。新しいものを開拓しようとする意欲にも、お互い共鳴し合っていた。

深夜番組というのがミソだった。この時間帯は、再放送や古い映画を流すことでお茶を濁しており、新たなスポンサーや視聴者を獲得できるマーケットとは、それまでは考えられてこなかったからだ。だが、フジテレビがヤングアダルト向けの、お色気を含む「オールナイトフジ」などをスタートさせ、これが話題になったことから、各局とも「深夜シフト」をどうするかが課題になった。

その時、僕が小田に提案したのは、比較的重いテーマで時間制限なしの討論番組を作ってみたらどうかというものだった。三つ理由があった。

一つは当時のいわゆる明るい時間帯に流すワイドショーの逆張りだった。テレビの視聴者は移り気だ。どんなテーマでも関心は五分と続かない。勢い番組を作る側はどんどんテーマを変えて視聴者を引きつけ続ける、慌ただしい手法を取らざるを得ない。その結果、ほとんど深掘りできないまま、視聴者からしても未消化のまま番組が過ぎていく。

その逆を行って、一つのテーマについて、徹底的に議論する。一人二人のコメンテーターが中間的な論評をするのではなく、問題に深く関わってきた専門的な人と、その手の議論を得意にしている人を数多く呼び、多角的に問題に斬り込んでいく。昼のワイドショーが物足りない人も多くいるはずで、そんな番組であれば、一定の視聴率に達するのではないかと提案した。

二つ目は、時代状況の変化がある。当時は中曽根康弘政権だ。戦後政治の総決算とか国際国家日本とかを標榜《ひょうぼう》する中曽根自民が衆参同日選で大勝、新しい保守政治が始まっていた。海外ではゴルバチョフが登場し、レーガンとの間で新しい米ソ関係が始まる。僕には冷戦時代が大きく姿を変えていくのではないかという予感もあった。世の中の変わり目には、こういった討論番組が話題を呼ぶ可能性がある。

三つ目は、日本人の討論下手を何とかしたいという気持ちもあった。ディベートという言葉が出始めた頃ではなかったか。国際会議で、欧米の政治家に比べて日本の政治家は圧倒的に発言が少ない。官僚の準備したペーパーしか読めない。これは単に語学力の問題ではない。日本人は、正解を求めるのではない討論をするということの意義がわかっていない。当時尊敬していた宮澤喜一からもそういう話を聞いており、深夜でもどこでもいい、日本人が立派にディベートする場を作りたいと思った。

真剣勝負で時代のニーズに応える番組を

たぶん、深夜だから制作費は安くなる。その範囲で作るとなると、ギャラの高い有名タレントは出せない。文化人や政治家、メディア関係者が中心になるだろう。終電で来てもらい、始発で帰ってもらう。高いハイヤー代を払わなくて済む。むしろその方が、重い真面目なテーマを論じるには都合がいい。

そんな発想と議論から、「朝生」は生まれた。

最初は僕がメインの司会者ではなかった。単なる企画者の一人として、時々パネラーとして呼ばれるくらいに思っていた。実際、第一回の司会は利根川裕《ゆたか》ら、第二回は筑紫《ちくし》哲也と僕の共同司会だった。ただ、その後、やはり司会は一人に絞った方がいいということになった。小田やディレクター（のちにプロデューサー）の日下雄一らが、言い出しっぺの田原がやれと言い、僕に収まったという経緯がある。

僕はこの番組に極めて意欲的に取り組んだ。これまでにない、視聴率の取れる討論番組にしようと自分に原則を課した。それは、パネラーに本音を言わせることだ。半端な釈明やポジシヨントークは許さない。嘘も絶対にダメだ。特に政治家には気をつかった。彼らは往々にして、本音を出さずにごまかそうとする。その時は必ず「違うでしょう。本当のところはどうなんだ」と突っ込みを入れることにした。真剣勝負で、緊張感があり、時代のニーズに応える真にジャーナリスティックな番組にしたかった。

相手の発言の途中でそれをさえぎって、そうじゃないだろう、本当のところはどうなんだ、とガンガンやるのが一手だった。僕には、相手がどれだけ本音ベースで話しているかをチェックできるセンサーのようなものがあると自負していたから、田原は最後まで人の話を聞かないと批判されても、まったく怯《ひる》むことはなかった。本音で語れということは、スタッフに対しても同じように要求した。

渡辺宜嗣とともに総合司会を務めてくれた長野智子が、それが嫌だったと言っている。事前の打ち合わせで、僕がテーマをスタッフにまで振って、真っ当な答えが返ってこなかったら激しく怒ったという。おかげで長野は打ち合わせが嫌でたまらなかった。今日は何を訊かれるのだろうと、胃が痛くなったらしい。

確かにそういう緊張感は毎回あった。僕にとってはそれが必要だった。厳しい打ち合わせを経たからこそ、本番の激しい討論を仕切ることができるというのが僕の心の準備だった。長野は、僕の手法の犠牲になったわけだが、こんなふうにも言ってくれたので、僕は救われている。「八年間やって次第にわかってきたのは、人から聞いたようなことを格好よく口にするのではなくて、正直な自分、借り物ではない自分を出してくれというのが田原さんの言いたいことだった。自分のなかで腹落ちする言葉を大事にする。そうじゃない人に対しては、田原さんはメチャメチャ厳しい人でした」

番組がスタートし、さまざまなテーマを取り上げてきた。現代政治、天皇、皇室、ナショナリズム、女性差別、朝鮮問題、原子力発電、部落問題、右翼、左翼、核兵器、経済、宗教、若者、戦後補償、安全保障、少子高齢化、教育、援助交際、プロ野球、テレビ、メディア規制、日本国憲法、年金、IT、アメリカ、北朝鮮、中国、イラク、地方自治……。

基本的に社会科学系の分野にテーマが集中しがちで、自然科学系の話題が討論テーマにのぼることはほとんどなかった。タブーとされてきたテーマに積極的にチャレンジした。オウム真理教や幸福の科学など、新興宗教関係者を出演させたこともある。

三団体を呼んで部落問題を論じきる

なかでもやはり「天皇制」を取り上げた二つの回は忘れられない。既述したので重複は避けるが、僕らの「朝生」でしかやることができない内容だった。初回は、生番組であることを利用して途中で出演者を入れ替え、強引に天皇問題を徹底討論した。

「部落問題」を論じた回も印象に残っている。メディアにはいくつかのタブーがあったが、被差別部落問題は、その最大級といえるものだった。この発言は、この表現は、この言葉づかいは、差別に当たる、とみなされた瞬間、メディアに対して猛烈な抗議行動が起きた。メディア側もよほどのことがない限り、部落問題は避けて通っていた。あるいは、取り上げたとしても、被差別部落の人たちがこんなふうに差別されているとか、それにもかかわらずこんなに頑張っている、という当たらず障らずのヨイショ番組が多かった。

僕はここにも挑戦した。差別の実態はどうなっているのか。逆差別の問題はないのか。反差別運動団体が政党がらみでいくつかあるが、彼らの真の主張は何なのか。なぜスタンスが違うのか。どちらにより説得力があるのか。そのへんをすべて論じきれる番組を作りたいと思った。

それには、関係運動団体すべてに出演してもらう必要がある。当時、大きな反差別団体は三つあった。社会党系の部落解放同盟、共産党系の全国部落解放運動連合会、そして、自民党系の自由同和会だ。三団体は不仲で喧嘩することが多かったが、彼らを一つのテーブルにつかせなければならない。

これには時間がかかった。日下雄一と吉成英夫が何回も各団体に交渉し、半年かけて三団体を出演させることに成功した。メディア主催の企画や番組に、この三団体代表が同席したのは前代未聞だろう。僕にしても、彼らが揃った時の迫力には、かなりのものを感じた。

ここで、日下という男のすごさを語っておこう。「朝生」は僕が前面に出て司会役を務めたが、日下がいなければ、これほどタブー破りの討論番組は作れなかった。彼は絶対に喧嘩をしない人だった。相手に断られても、そうですかといったんは引き下がるが、翌日にはまた口説き続ける。何度断られても諦めない。半年や一年は待ち続けるくらいの構えでやっていた。僕と違って、ハッタリや力みもない。ただひたすら謙虚に丁寧に説明し続ける。これで皆、参ってしまった。

部落問題もそうだったが、原発問題で推進派と反対派を集めて徹底議論した時もそうだった。日下とは二人三脚で二〇年近く「朝生」をやってきたが、彼は六〇歳直前で亡くなった。仕事に賭けた挙げ句の壮絶な戦死のようなものだった。僕にとっては、文字通り痛恨の極みだった。

テレビ朝日を潰す覚悟で出演していた面々

「朝生」のレギュラー出演者たちも味があった。

大島渚、野坂昭如、西部邁、石川好、栗本《くりもと》慎一郎、渡部昇一、猪瀬直樹、舛添要一、高野孟、小田実、野村秋介、小沢遼子、鈴木邦男、辻元《つじもと》清美……と、一騎当千の強者《つわもの》ばかりだった。

それぞれに役回りがあった。

大島は話がある方向に収斂《しゅうれん》しようとすると、必ず異論を唱えるぶち壊しの名手だった。普通、映画監督というのは大勢の人を一つの方向にまとめていかなければならない役どころだが、大島にはあえて逆を行ってもらった。大島カードをどう使うかは、議論を面白くするうえで一つのカギだった。

野坂は思いつきで、突然議論の進行とは関係のない発言をしたが、それがまた全体の議論を深め、活性化させた。

大島、野坂は僕より年上だったが、彼らがすごかったのは、戦争中に自分たちが権力に加担したという罪の意識をずっと引きずり続けていたことだ。僕もそうだったが、彼らは軍国少年だった。

その罪の意識からすると、戦後の日本の新聞やテレビもまた同罪だった。戦争責任の追及を含め、メディアとしての役割をきちんと果たしていないのではないかという問題意識が常に鋭くあり、それがメディアは一回全部潰さなければダメなのではないかという強烈な思いにつながっていた。要は、彼らはテレビ朝日を潰してもいいという覚悟で出演していたところがある。だから迫力があったのだ。

西部邁も個性的だった。当時は圧倒的に左翼が強いなかで、保守的な主張をしっかりできる人が欲しかった。あなたに、少数派の保守の悪役をやってほしいとお願いしたら、喜んで出てくれた。西部に特徴的なのは、デモクラシーは愚民政治に向かう傾向があると言いきっていたことだ。理想的なワイマール民主主義のなかからヒトラーという独裁者が出てきたことをもって、民主主義は愚民政治に陥る可能性が高いと言っていた。

西部邁と岡崎久彦が大論争をやったのも記憶に残っている。西部の主張は正論だったが、岡崎の論は第一線の外交官だっただけにリアリティがあった。しかし西部は、学者にはリアリティなんて関係ないとうそぶいた。

亡くなった人も多いが、本当に素晴らしい論客ばかりだった。彼らの個性に救われてきたと僕は思っている。

平均、月一回開催で、今年（二〇二四年）はもう三八年目だ。

なぜここまで続いているのか。それは国民が見てくれているからだ。

第六章で述べた視聴率民主主義が「朝生」を続けさせてくれていると思っている。

時代がメディアの受け皿を求めていた

「朝生」開始二年後の一九八九年四月、「サンデープロジェクト」がスタートする。毎週日曜日の午前一〇時から一一時四五分までの生番組だった。

通称「サンプロ」だ。「朝生」が集団討論番組だったのとは異なり、「サンプロ」はそのテーマの専門家や直接の責任者、政治家であれば自民党三役とか閣僚、野党党首を個別に呼んで、ギリギリのインタビューをするという時事報道番組だった。

僕にとっては、テレビジャーナリズムの神髄を極めるうえで、「朝生」以上の大きな武器になった。そして、この二つの番組のスタッフには大変世話になってきた。「サンプロ」のプロデューサーだった鈴木裕美子は、その後「朝生」のプロデューサーになり、「暴走老人」となりつつある僕を的確に導いてくれる、よき理解者だ。第一回から「朝生」の構成作家を務める久利一《くりはじめ》とは毎回電話でディスカッションし、彼の教えを乞うている。吉成英夫は第一回から「朝生」のディレクター（後にプロデューサー）を務めているが、数々の難度の高い出演交渉をクリアしてきた。渡辺宜嗣アナウンサーとは、僕がフリーになって最初にテレビにレギュラー出演した「トゥナイト」（テレビ朝日）からの長い付き合いだ。彼の司会が僕の暴論、失言をうまくフォローしてきてくれた。彼らとのチームワークなくして、僕のテレビ番組はあり得なかった。

時代が「サンプロ」を否応なく動かした。一九八九年は内外ともに大転換期になった。一月七日に昭和天皇が亡くなって昭和が終焉を迎え、平成が始まった。二月から三月にはリクルート事件でNTT前会長や文部事務次官経験者などが逮捕・起訴された。四月一日からは消費税三%がスタート、下旬には竹下登首相がリクルート事件による混乱の責任を取って辞任を表明した。

竹下辞任の後継選びでも自民党内はドタバタした。リクルートパージで後継と目されていた安倍晋太郎、宮澤喜一、渡辺美智雄らが身動きが取れず、宇野宗佑《そうすけ》に首相の座をバトンタッチすることになったが、この宇野政権も女性問題と、七月の参院選惨敗であえなく退陣に至る。

国際情勢も激しく動いた。六月四日には北京《ペキン》の天安門で、集結した学生や市民を治安部隊が武力制圧する事件が起きた。一一月九日には東西冷戦の象徴であったベルリンの壁が市民の手によって取り崩された。一二月三日にはブッシュとゴルバチョフがマルタで会談、冷戦終結を宣言した。翌一九九〇年八月にはイラクがクウェートに侵攻、翌年に湾岸戦争が勃発し、国連安保理決議を受けた多国籍軍が結成される。

日々動くこの時代の変転をどう捉えるべきなのか。何が原因、背景で、今後それはどう動いていくのか。冷戦終結という時代の節目に日本人はどう生きていけばいいのか。視聴者にとって知りたいことはゴマンとあり、時事報道に対するニーズはかつてないほど高まっていた。これに的確にわかりやすく丁寧に応えることが勝負どころだった。視聴者目線に立って、素朴な「なぜ」を執拗に発し続けることが、事の本質、根源的問題を突き詰める武器になった。

時代がメディアの受け皿を求めており、それに僕たちが真摯に応えさえすれば見てもらえるという環境があったのだ。

永田町が僕に微笑《ほほえ》んだこともある。自社五五年体制の崩壊時と重なった。竹下の後の宇野が二カ月で潰れ、海部俊樹、宮澤喜一政権と続き、その解散総選挙後に細川護熙《もりひろ》・非自民連立政権ができる。リクルート事件、佐川急便事件と大疑獄が相次ぎ、金権自民党が国民からそっぽを向かれた。金のかからない政治、本格的な政権交代の起きる政治が求められ、政治改革に向けた大きなうねりが起きる。そういう戦後日本政治大刷新の大きな曲がり角にぶつかっていた。

日本人が政治の現状に本気で興味を抱くようになった。なぜ、政治にそれだけ金がかかるのか。なぜ、派閥の領袖に権力が集まるのか。なぜ、自民党のなかでたらい回しのような疑似政権交代が行われてきたのか。果たして野党には政権担当能力があるのか。

五五年体制が定着していた時代には誰も疑問を持たなかったことに、視聴者、国民が関心を持つようになったのだ。

政局の主力プレイヤーが全員出演

国民の目は政治テーマだけでなく、政治を動かす人物たちにも向けられた。永田町が劇場化され、主要なプレイヤーたる政治家がスター化していった。小沢一郎が作り上げた改革派vs守旧派の対立がクローズアップされ、その権力闘争の時々刻々が注目を浴びた。時の政局の主要プレイヤーたちを番組に呼ぶことができ、彼らに忖度せずストレートに物事を聞き出す力がテレビメディアにも求められた。

その意味で僕にはアドバンテージがあったかもしれない。政治記者でも何でもなく、それほど深い政界人脈があったわけでもない。だから逆に、政治記者にありがちな業界的な配慮とは無縁だった。そして僕には、田中角栄との取材上の縁があった。「虎の尾」論考を発表し、田中角栄インタビューをしたジャーナリストというお墨付きが僕には与えられていたのだ。

永田町の政治力学では、当時もなお田中角栄神話が残っていた。田中自身は、竹下が田中派から独立していくなかで一九八五年に脳梗塞に倒れ（九三年一二月一六日死去）、政界の盟主としてのポジションを失っていくが、その竹下を支えた小沢一郎、梶山《かじやま》静六ら竹下派七奉行と呼ばれた連中は皆、田中角栄が育てた政治家であった。彼らは田中角栄には頭が上がらない。政局は、竹下派という最大派閥がその流れを決し、そのなかでも田中角栄が最も可愛《かわい》がった小沢一郎が中心になって動かしていった。

「サンプロ」には、小沢も含めて政局の主力プレイヤーが全員出てくれた。僕に角栄印がついていたとすれば、それは決してマイナスには作用しなかった。

僕には、政治家と付き合う時に自らに課すことがあった。それは絶対に嘘をつかないことだ。政治家相手だとどうしても媚《こ》びたり、お上手を言ったりする人が多いが、これは逆に政治家に馬鹿にされる。

欠席裁判をしないことも重要だ。その人物がいない時に悪口を言わない。もちろん、最高権力者の総理大臣は別扱いだ。首相に対しては、本人がいない場でもガンガン批判しなければならないが、それ以外の政治家は、スタジオでの対面取材でない限り、批判しない。彼らは実にそのへんの我々の対応をよく見ている。

あえて言うと、もう一つ、女性問題は追及しない。

それ以外は真剣勝負だ。ニュースを引き出せるかどうか、本音を聞けるかどうか、僕は真っ向勝負でやってきた。相手のいいところを引き出す努力もしてきた。そのことにより、インタビュー全体が活性化され、さらに相手のその後の政治活動にもよい影響が出るからだ。

僕は、視聴率の取り方を承知していた。視聴者がどういう関心でテレビ画面を見ているかということだ。政治家をある程度挑発し、本音で反論させる。コマーシャルをどこで入れるか、といった手練手管もあった。手前味噌ではあるが、かなり上手だったと思う。

そんな手法だったから、最初は政治家も警戒して出てこなかった。小渕内閣の森喜朗幹事長の頃は自民党内で禁止令まで出たことがある。田原の番組に出演すると、騙されるから出るな、というものだ。

お茶の間に民主主義を持ち込んだ

だが、やり込められるのが嫌な人間は政治家にならない。議論するのが好きな連中が政治家になる。政治家のなかにも田原の番組で鍛えられなければ一流ではないというありがたい声も出るようになってきた。僕の手法がだんだんと定着し、視聴率が上がり、番組の影響力が高まっていくと、むしろ出ないと損だということになった。各党皆出ているのに自分だけ出ないと欠席裁判されてしまうのではないかとも思われたようだ。

「サンプロ」は視聴率が高いから地元民が見てくれると言う政治家も多くなった。与党も野党も政治家はエネルギーの八五％が自らの選挙運動に注がれる。テレビに出ると自分の意見も言えるし、選挙運動にもなる、一石二鳥だという受け止め方が広がった。

僕の番組に出ることによって、政局を意識的に動かそうという人もいた。特に野党は他にそういう場がない。売り込みもあった。放送終了後に、自分が得意なこのテーマだったのに、なぜ声をかけてくれなかったんだという苦情も来るようになった。キャスティングはスタッフとの打ち合わせで決めていたから、僕にも頻繁に自薦他薦があった。

一連の流れが番組の影響力拡大へ好循環を生んだ。政局の中枢プレイヤーが出演、僕が対峙してニュースを引き出す。それが翌週の政局を動かす。そうなると、また次の週もメインプレイヤーが出てこざるを得なくなる。「サンプロ現象」という流行語も生まれた。「サンプロ」のスタジオは、もう一つの永田町になりかかっていた。

「サンプロ」には、曜日、時間帯設定のメリットもあった。日曜日は、次の週の政局の起点だった。国会情勢が特にそうだ。週末の言動が、週明けの情勢を決することとなった。

午前一〇時からという時間帯も悪くなかった。日曜日、テレビ各局は同じ形の政治討論番組を構えていた。七時半からはフジの「報道－２００１－」があり、九時からはＮＨＫの「国会討論会」（のち「日曜討論」）があり、そして、最後を「サンプロ」が締める形になった。

時によっては与野党の幹事長、書記長とか国対委員長ら出演者が、各番組横並びになることがあった。まずフジに出て、ＮＨＫを経由、「サンプロ」に梯子《はしご》する、というケースも多く、「サンプロ」は最後の関所として、それまでの議論を踏まえて、思う存分政治家の本音を問い質す場になれた。

最終コーナーのメリットがあったか、「サンプロ」視聴率は平均九％前後で、一〇％を超えたこともあった。ＮＨＫが四％程度、フジが六％程度だったので、一つ頭が抜け出ていたわけだ。

「サンプロ」の最大の功績は何か、と問われれば、それはお茶の間に民主主義を持ち込んだことだろう。政治は永田町の密室で取引され、動いていくというのが通説だったが、それを見事に打ち破ることができた。

まだ明るいうちに政治がテレビという公的媒体に乗り、堂々とオープンに議論できることを立証した。テレビを通じて政治家の言動を直接見ることで、国民は政治家、政党を自らのスタンスで評価、選別する機会を持つことができるようになった。お茶の間と永田町を結ぶ回路ができた。

僕に対して、政治家になってくれという勧誘もこの時期は多かった。滋賀県出身の僕を武村正義《まさよし》の後継者にしようという話もあった。国会議員にならないかという誘いは、自民党、社会党などからあった。一番熱心だったのは羽田孜《はたつとむ》で、議員になってくれたらすぐに大臣にするなんて話もあった。

ただ、僕の心は動かなかった。権力の世界には入りたくない。僕はジャーナリストで一生を過ごすと決めていた。権力の世界は勝つか負けるかで、勝たなきゃダメだ。負けていくら弁解しても、意味はない。

織田信長の時代からそうだ。信長は反対する人間を全員殺したが、田中角栄は反対する人間を全部金で買収した。相手の命を取るか、金で籠絡するか、やり方は違うが本質は一緒、勝つか負けるかだ。戦後文学のなかで最もアナキズムに近い傾向を持つ埴谷雄高は、左右を問わず、政治の原理とは「やつは敵だ。やつを殺せ」(『幻視のなかの政治』未来社、一九六三年)に尽きると言ったが、その通りだと思う。僕はその原理が嫌いだから、権力の世界には入らない。

海部俊樹の首を取るまで

かくして「サンプロ」は僕を成長させた。虚も実もだ。「田原のサンプロ」として、認知度が右肩上がりに急上昇し、時の首相も含めて政治家が出たがる、かつ視聴率、スポンサーも取れるドル箱番組に仕上がっていった。

僕の意識にも微妙な変化が生じた。「サンプロ」のキャスターとしての僕が、国を動かしているという驕りや錯覚が生じてきた。「サンプロ」パワーが最高潮だった時、総理の首を三つ取った話をしておきたい。

まずは、海部俊樹首相だ。一九八九年八月、宇野政権が二カ月で潰れた後、当時の最大派閥竹下派（経世会）の丸抱えで誕生した。小沢一郎が自民党幹事長で、全権を握っていた。実力派幹事長と軽量首相という、いわゆる二重権力構造にあった。僕は、別に海部という人が憎かったわけではないが、こういった操り人形のような政局運営は権力のあり方として正しくないと思っていた。

ただ、小沢以下経世会は数ばかりでなく竹下、金丸信を含め有力政治家が多く、他派閥はその攻略に苦労した。

そこに誕生したのが、加藤紘一《こういち》（宏池会《こうちかい》）、山崎拓《たく》（渡辺派）、小泉純一郎（清和会《せいわかい》）が組んだYKKグループだった。僕は彼らをけしかけた。

「こんな傀儡《かいらい》政権が続くのはとんでもない。あなた方はもっと頑張らなければいけない。このままでは自民党はダメだともっとテレビでガンガン言ってくれ」

三人を「サンプロ」(一九九一年八月一八日放送)に呼んで、小沢経世会に対する批判を語らせた。三人はそれぞれに「海部首相は操り人形だ」「経世会の独りよがりは許さない」と発言、翌日の紙面で「YKKが首相批判」と大きく報道された。それがきっかけとなり、宏池会、渡辺派、清和会の三派の対経世会包囲網が形成され、結果的に海部首相の続投を許さない政治力学で永田町を変えていくことになる。

宮澤喜一首相の場合はこうだ。一九九三年五月三一日、これは「サンプロ」の枠ではなく、各局持ち回りで放送される「総理と語る」という番組がテレ朝に回ってきた時のことだった。テレ朝からインタビュアーを頼まれ、「当たらず障らずではなく、ズバリ政局に斬り込む」ことを条件に僕は引き受けた。

当時は中選挙区を小選挙区に切り替える政治(選挙制度)改革法案の扱いをどうするかが、政局の焦点だった。宮澤首相はそれなりに前向きだったが、幹事長の梶山静六にはまったくその気がなく、自民党内をどう調整するか、難しい局面に入っていた。

宮澤はインタビュー前に僕を呼んでこう言った。

「今日は政治改革の話は無理です。私がいま言えばぶち壊しになってしまう」

時の総理から面前でこう頼まれれば、何とかそれに応えてやりたいというのが人情ではあろう。特に宮澤は先に述べたように、僕にとっては師匠的な人でもある。

だが僕は妥協せずに食い下がった。

「宮澤さんが嫌だと言っても訊きますよ。お答えにならなければ、国民は『何だ。宮澤さんはやはり顔のない人だ』と思うでしょう」

宮澤は腕組みして、厳しい表情でしばし考えていた。僕はそれ以上、何も言わなかった。こちらの覚悟を示すには、余計な言葉は挟まない方がいい。

宮澤喜一、橋本龍太郎をテレビが追い詰めた

宮澤はポツリと訊いた。

「政治改革のことを訊きますか？」

僕も簡単に答えた。

「訊きますよ」

宮澤が言った。

「じゃあ、やりますか」

隣室に移り、インタビューが始まった。テーマを政治改革に移して以降のやりとりは、こうだ。まず、僕が訊く。

「政治改革はおやりになるのですか」

「やります」

「くどいようだけど、本当にこの国会でできますか」

「私が責任を持ってやるんですから」

「もしできなければ、首相を辞める？」

「いや、だってやるんですから。私は嘘をついたことがない」

綸言《りんげん》汗のごとし。僕の短い質問攻勢が、宮澤に決定的な発言をさせたことになった。

この日の夜、テレ朝の「ニュースステーション」がこの発言を大きく放送、翌日の新聞各紙も大きく扱った。これに対して梶山幹事長の発言が振るっていた。

「政治改革をやると言うことは一〇〇メートル離れた針の穴に糸を通すくらい難しい」

自民党内でこの改革を前に進めるかどうかが侃々諤々の議論となり、結局、梶山路線のまま政治改革をやらないことになった。

これに対して、野党が宮澤首相は嘘つきだとして宮澤内閣不信任案を提出した。本来は自民党多数で否決されるものが、梶山との間で経世会の跡目相続争いをしていた小沢グループ三四人がこれに賛成（その後離党し、新党・新生党を結成）したため、不信任が成立し、宮澤は衆院解散に追い込まれた。

選挙の結果、自民党が過半数割れで宮澤が首相退陣を表明した。そして自民党内がガタガタしているうちに離党した小沢が中心になって非自民連立政権を起ち上げ、戦後自民党が守ってきた一党支配の五五年体制まで崩れたという経緯だ。

橋本龍太郎首相の場合はこうだ。

一九九八年七月五日の「サンプロ」だった。直後に控える参院選をテーマに党首討論を行った。当時は金融バブルの崩壊で経済がおかしくなっていた。前年に北海道拓殖銀行、山一證券が相次ぎ破綻、金融恐慌前夜の様相を呈していた。橋本政権は景気回復のために減税をするかしないか問われていたが、一方で自民党内の財政規律派からは減税に対して抵抗が出ており、どうすべきか、橋本本人が決めかねているような状況だった。ただ、橋本が地方遊説で「税制改革をする」と発言したので、それを「減税」の意向としてニュースにした新聞もあった。

僕は、橋本の発言が揺れたこのウイークポイントを徹底的についた。

「あなた本人は税制改革をすると発言されている。これは当然減税ですね。財源はどうするんですか」

「私は恒久的な税制改革をすると言ったのであって、恒久減税をするとは言っていない」

「では恒久減税はやらないのですね」

「だから、恒久的税制改革をやると言っている」

「では、新聞報道は全部誤報ということですね」

「だから、私は税制改革をすると言っているのです」

橋本は同じ発言を繰り返すばかりだ。額には冷や汗が浮かび、苦しげな表情がずっと続いた。テレビは残酷だ。音声だけでなく、表情とか、汗とか、目の色まで詳細に映し出してしまう。

僕はこう追い打ちをかけた。

「国民は、首相が恒久減税をするのかしないのか、はっきりした答えを期待しているのです」

これに対して橋本は同じことを繰り返すだけ、あとは言葉が出てこなかった。

翌日、大蔵省の榊原英資《さかきばらえいすけ》が僕に電話してきた。

「田原さん、ジャーナリストとしては正解かもしれないが、あれでは橋本政権を倒すことになるよ」

榊原の言う通りになった。橋本の恒久減税についての発言はその後迷走し、参院選の結果は自民惨敗、橋本は即退陣表明に追い込まれた。

「サンプロ」打ちきりの真相

「朝生」と「サンプロ」を二つの武器にして世の中を叩き切る、岩見隆夫の言うところの僕の「モンスター時代」は頂点を極めたかに見えた。だがそれは、ある日突然、終わることになる。

二〇一〇年三月、テレ朝は「サンプロ」を打ちきった。僕にとっては大ショックだったが、背景にこういうことがあった。

一つは、先にも少し触れたが前年の二〇〇九年四月二五日放送の「朝まで生テレビ！」で、有本恵子、横田めぐみの安否をめぐって、僕が「外務省も生きていないことはわかっている」と発言し、拉致被害者の家族会と支援団体である救う会から、僕とテレビ朝日の君和田正夫社長宛に抗議文書が送付されてきた一件だ。その後、有本の両親が僕に対して一〇〇〇万円の慰謝料を求める訴えを神戸地裁に起こし、一一月四日、地裁が僕に一〇〇万円の賠償支払いを命じたことについては第二章で詳述した。

要は、僕がすっかり傲慢になっていたということだ。スポンサーも自分で見つけてくるし、視聴率もいい。「サンプロ」で政治家に何を発言させ、その結果次の週の政局がどうなるか、僕が決めている、という意識があった。自民党の幹部から、「田原の発言で月曜日からの政治が変わる」とも言われていた。まさにモンスター気取りが続いていたとも言える。

盟友だった佐高信からも厳しい批判を受けるようになった。

「田原は何でこんなになったのか。佃《つくだ》に引っ越してからおかしくなった」

確かに僕は東京・中央区佃の高層マンションに引っ越した。取材エリアをあちこち走り回るのに便利だからだ。「朝生」「サンプロ」の司会役でそれだけの収入があったのも事実だ。「サンプロ」の出演料は一本で一二〇～一三〇万円もらっていた。そんな僕の金満ぶりも、佐高には目に余ったのかもしれない。

佐高信による批判から激突対談へ

佐高によると、一九八〇年代に僕は権力に接近していったという。

まだ中曽根政権の一九八五年、テレ朝専務だった三浦甲子二《きねじ》に誘われて、「青の会」という勉強会を作った。僕が政界取材のための政治家を囲む勉強会活動をし始めるきっかけになった会だ。竹下登政権ができるであろうことを想定して、その際に核になる藤波孝生《たかお》、羽田孜、森喜朗、加藤紘一という四人の政治家を月に一回囲むというものだった。

三浦は朝日新聞政治部の敏腕記者として河野一郎、中曽根康弘らに食い込んだやり手で、テレ朝内でも「三浦天皇」と呼ばれた実力者だった。ところが、勉強会を一回開いただけで、中心人物の三浦が急死、会は僕が引き継ぎ継続することになった。

僕はこの会に、新たに役人やジャーナリストを入れて補強した。大蔵省からは長野厖士《あつし》と榊原英資、外務省から佐藤行雄と田中均《ひとし》、通産省から伊佐山建志《たけし》と河野《かわの》博文、メディアからは朝日の船橋洋一、毎日の岸井成格《しげただ》、日経の永野健二、フリーの高野孟だ。

都内のホテルを借りて、参加者が会費を出し合って運営、その時々のテーマを本音で議論し合う場だった。政治家も官僚もメディアも、それぞれ得るところの多い勉強会だったと思う。ただ、その政治家の顔ぶれから、田原は権力に擦り寄っている、権力に対するゴマすり屋だ、といった批判も受けるようになった。

佐高がその急先鋒だった。僕のことを「核心は突いてこない安全パイ」と批判した。バブル崩壊後、大蔵官僚のスキャンダルが露呈、僕は、霞が関の官僚は一体どうなったんだと、さかんに官僚論を書いていた時だ。僕の大蔵批判が甘い、と『週刊読売』(一九九八年三月一日号)で書いてきた。特に、長野厖士に対する追及が甘いという。長野は金融界から過剰接待を受けた一人であり、なぜそこを訊かないのか、と。僕は僕で、長野が証券局長として山一證券を結果的に潰したことを重視し、もっぱらそちらを訊くという意図があった。

佐高は、僕のことを「大蔵省の男娼《だんしょう》」という身も蓋もない表現まで使ってきた。僕としてはさすがに腹に据えかね、納得できないと抗議し、同誌三月一五日号で激突対談をすることになった。

佐高 田原さん、もう少し骨があると思いましたよ。長野のほうが田原をどう見てるのかという視点は、本当にないんじゃないですかね。

田原 (中略)僕は長野に聞きたいことを聞く。で、聞きたいことを聞き出したと思う。

佐高 だから、しゃべったことをそのまま信じて書くだけでいいんですか、ということだよね。

田原 (中略)これからまた追及していきますよ。(中略)こと山一に関してと、ことビッグバンに関して、僕は長野の言うことにリアリティーを感じた。それだけなの。それを佐高信は、「大事なことを何も聞かないで、長野の言うなりになってる」と。まるで僕がバカの骨頂みたいなことを言ってるわけだ。

佐高 そこがやっぱり違うんですよね。

田原　実は、みんなに袋叩きにあっている時に、その相手に取材するということは、ジャーナリストとしてはとても危険なことなんだよ。それはね、「安全パイ」どころか…。今は、長野を叩くのが「安全パイ」だよ。そういう意味では、佐高は自分が「安全パイ」でいるくせに、そういう危険な仕事をする人間を「安全パイ」と言うのは、これはよほど鈍感かバカなんだよ。

佐高　私も田原さんのことをわかってないし、田原さんもこっちをわかってないんだなと思ったのは、さっきの話だけれども、検察じゃないから個人的スキャンダルは聞かないんだと。

田原　長野が、どれぐらい接待を受けてるかを僕がいまあえて聞いたって、長野が答えるはずがないじゃないですか。

佐高　だからそこを切り離すのが、やっぱりこっちには理解できない。

この時ほど挫折と失意を感じたことはない

僕としては佐高にそれなりに反論をしたと思ったが、佐高の論調は変わらず、しつこいほどに批判を続けてきた。

佐高は、ついに僕に対する批判を一冊の本にまでまとめた。『田原総一朗とメディアの罪』（講談社文庫、二〇〇九年）がそれだ。僕のことを「小泉純一郎の御用達記者《ごようたし》」と批判したり、「サンプロを私物化していないか」と言いつのったりしている。

サンプロについてはこういうことがあった。二〇〇五年九月四日放送の番組だったが、社民党の応援団として佐高信を呼ぶというので、僕が難色を示した。自由な討論を信条とする僕も、あれだけクソミソに批判する相手を受け入れることを潔しとしなかった。また、「サンプロ」はすべて僕の采配で動くと思い込んでいる部分もあった。

テレビが皆に開かれた公共圏であるという発想がどこかに消えていたことは確かだ。もちろん、最後は佐高の出演を受け入れたが、最後までしっくりしなかったのも事実だ。

僕のそばで見ていた娘の眞理に当時のことを言わせると、こうなる。

「あの時、パパはすごい傲慢だったよ。佐高さんが『サンプロ』に出るという時に、もう自分は出ないと言ったりね」

「何をあんなに勘違いしてたのかしらね。ジャーナリストってことを忘れていたんじゃない。国をよくしたい、というのが根っこにあるのは事実でしょうが、ちょっとでも何か言うとワーッと怒ってた」

恥ずかしい。あの頃の僕は、目に余る感じがあったと思う。

テレビ朝日との間では、「サンプロ」は打ちきるが、後継番組としてBS朝日の「激論！クロスファイア」を始めるということになった。不安もあったが、前田泰彦プロデューサーが僕を支えてくれて、もう一四年も続いている。前田は体調を崩して車椅子に乗っているのだが、いまも番組を牽引している。政治家や識者の話を五〇分という長尺でじっくり聞くことができるのが売りで、ここでの政治家の発言がニュースになったり、ホットな番組であり続けていると思う。

いま振り返っても「サンプロ」打ちきりの時ほど大きな挫折と失意を感じたことはない。もう自分は必要とされていないと言われた気がした。

以上が、一人の「テレビモンスター」の誕生と増長、転落の全経過だ。

【倉重メモ】長野智子、高野孟が現場の田原を振り返る

「朝生」と「サンプロ」は私もよく見ていた。「朝まで」付き合うこともままあったし、「サンプロ」は政治記者必見の番組と言われていた。

テレポリティクスの時代だった。政治家がテレビのパワーを意識していた。テレビが単なる伝達手段ではなく、政局の流れを大きく変える一大プレイヤーになり始めていた。いわばテレビという媒体自体がモンスター化していた。

田原の仕事で特に忘れられないのは、本文でも触れた宮澤首相インタビュー（一九九三年五月三一日）だ。宮澤に容赦なく質問、「（今国会中に衆議院の選挙制度改革を）やります。やるんです」と言わせた。宮澤はこの発言に拘束され、そのことが政治改革解散をもたらし、また自民党一党支配体制を崩し、さらには非自民連立政権による中選挙区制から小選挙区制への変更につながり、平成政治の基本構造を決することになる。

「イフ」というわけではないが、田原があの時、宮澤に手心を加えていたら、宮澤が失言せずに政治改革政局をクリア、解散も細川連立政権もなければ、日本の政治はどうなっていたか。

田原が放った一本の矢が時代のトレンドの肝を撃ち抜き、歴史の歯車を一気に回転させた感がある。

「朝生」「サンプロ」時代、ジャーナリスト田原総一朗という触媒を通じて世の中がどう変わったのか。田原周辺の視点からも探ってみる。ライター時代もモンスター時代も田原と共同作業をすることの多かった高野孟は、こう言う。まずは「サンプロ」文化について。

「テレビの世界で言えば、日曜日の午前中に一つの情報空間を作ったのは偉大なる貢献だった。地方に取材や講演に行くとよくわかるが、地方の名士、ジェントルマンはゴルフのお付き合いは土曜日に済ませ、日曜日の朝は、フジテレビの黒岩祐治《ゆうじ》キャスターの『報道-2001-』に始まって、九時はNHK『国会討論会』、一〇時になって『サンプロ』と、皆、その順に見るのが習慣化している。各社が田原『サンプロ』を意識し、時間をずらしながら企画を並べた形だ。『サンプロ』が打ちきりになった時、黒岩氏がセレモニーに出させてくれと来て、『私たちは「サンプロ」に追いつきたいと思って今日までやってきた。「サンプロ」がなくなったら本当に悲しい』と挨拶した。黒岩氏の言葉に誇張はない。まさに田原さん主導で、日本全国のお茶の間に世界と日本をどう考えるか、時事情報を届けるまったく新しい電波空間を作った。それが首相を辞めさせるパワーにもなった」

「サンプロ」打ちきりの理由については？

「逆に言うと、それだけの力を持った『サンプロ』を早河社長がなぜやめたのか、謎だ。聞こえてくるのは田原さんのわがままだ。出演者を呼んでおいて、『黙れ』とか『帰れ』とか狼藉《ろうぜき》じみたことが何回かあった。そのたびにプロデューサーが平謝りに走るのを僕は目撃している。まさに田原さんの驕りだったと思う。自分が天下を動かしていると思い込んでしまった。僕は、この貴重な情報空間をどうするかということを抜きにして局の都合だけでやめるべきではないと思い、経営者責任を問う発信をした。そのコピーがテレ朝社内に回され、以来テレ朝には出られなくなった」

「朝生」については、総合司会を八年務めた長野智子が言う。

「私から見れば、田原さんは司会者でもタレントでもなく、どうやったら面白くなるとか、コマーシャル前にアイキャッチでこうしようとかを考える、テレビディレクター、演出者です。最初に私が『朝生』に出た時に感じたのは、プロレスのリングだな、と。カーンとゴングが鳴って始まる。まさに論の格闘技。そのプロレスをどう面白く見せるかというディレクション（指示）を田原さんがやっている。そういうスタジオだった。何か面白い人たちが言論で殴り合いしているみたいな」

現場の力で特筆すべきことを長野に尋ねた。

「プロデューサーの力もあったと思う。天皇問題を取り上げた時のこと、テレ朝でもさすがに無理だろうと言われていたところを実現してしまった。ただ、実際に放送になるとパネリストたちが遠慮がちな議論しかしない。その時の日下さんの迫力はすごかった。コマーシャルの間に出演者全員に『なめるんじゃない』『真剣勝負なんだ』と一喝して、パネリストが縮み上がるみたいな。すごい番組だった。当時もう本当にぴりぴりしていた」

過激な討論番組が支持された理由は何だと思う？

「それができた時代背景もあると思う。冷戦や五五年体制が終わっていく一九九〇年代、まだテレビに勢いがあった二〇〇〇年代だからああいう自由な世界が出現したと思う。SNSで批判されることもない。いまのテレビには難しいと思います。右も左も集めて、タブーなく徹底的に議論する、少なくとも日本では唯一無二の自由な言論空間でした。世界のなかで比較すると、往年のラリー・キング（米CNNの看板トーク番組『ラリー・キング・ライブ』の番組ホスト）でしょうか。日本では田原総一朗の前にも後にもいない感じがする」

テレビと政治の関係、テレビのなかでの自由な討論を、田原が限界まで広げたことは確かだろう。

第一〇章　首相への直言秘話

——僕はジャーナリズムを生きている

さて、僕のジャーナリズム人生はさらなる新天地に移っていく。

大物政治家をテレビに出演させて、言質を取って、批判していくという手法に、僕は限界を感じていた。真剣勝負で総理大臣三人を失脚させた。海部俊樹、宮澤喜一、橋本龍太郎だ。ただ、三人を失脚させても日本は一向に変わらない。我が身を振り返り、僕流のテレポリティクスを転換させる必要も感じ始めた。僕は考えを変えようとした。

なぜ歴代首相は僕に会うのか

これからは、首相には、その胸に飛び込んで、こういうことをやっていてはダメだと、直接言おうと思った。批判は直接本人にストレートにぶつける。テレビで追い詰めるのではない。もちろん陰でこそこそ批判もしない。

ある意味、首相への助言役だ。別に僕に特段の学識、専門性があってアドバイスするわけではない。僕にあるのは、これまでのジャーナリスト生活で学んだこと、聞いたこと、そこから類推する問題意識と知恵と構想力だ。

小渕恵三首相（一九九八年七月～二〇〇〇年四月）の時から自分のスタンスをそう変えた。その後、森喜朗、小泉純一郎、安倍晋三、菅義偉、岸田文雄らと、そのように接してきた。テレビカメラが入るわけでもないし、視聴率が稼げるわけでもない。相手が耳を傾けてくれないのであれば、それはどうしようもない。ただ、受け入れてくれるのであれば、何の忖度もなくズバリ物申す自信だけはある。

僕は首相に言いたいことがふつふつと湧いてくる。この政治家にはこの話をしたいという思いが高まる。

前述したように、ジャーナリストとしての僕には三つの原則がある。

①日本に二度と戦争をさせない
②言論の自由は身を挺《てい》して守る
③野党を強くする。つまり、政権交代可能な政治風土を作って日本の民主主義を強靭化する

僕が歴代首相と話す時、問題意識の底流にはこの三つの原則がある。

戦争しないためには的確な外交・安保政策と、一定程度の経済的繁栄が必要だ。日米安保体制をどうするか。そのなかで日本の主体性をどう確保、維持するのか。ここまで本書で述べてきたことも、その延長線上の話だ。

日本経済をどう活性化するかについても持論がある。僕は松下幸之助、盛田昭夫、稲盛和夫ら、戦後の草創期の経営者から直接話を聞いている最後のジャーナリストだ。経済再建と戦後復興に賭けた彼らの凄まじいエネルギーと構想力と実践力を誰よりも理解している。それは、現在三〇年続く経済苦境のなかでも活かされ得るはずだ。

言論の自由を守ることが日本の政治、メディア、民主主義にとっていかに大事なことか。それについても機会があれば語ってきた。

野党の強化についても同様だ。

もちろん、訊かれれば政局の話もする。判断を求められれば、僕なりの率直な意見も申し上げる。ただ、大半は政策だ。三原則を守って、どうすれば日本をよりよい国にできるのか。その一点で助言、議論してきたつもりだ。

歴代首相には、官邸に電話を入れ、僕の方から会いたいと伝え、秘書官に日程を調整してもらうというのが常道だった。いつもサシで会うのが習い性となっていた。小泉や安倍とは結構頻繁に会った。岸田は僕に会うことは会うが頻度が落ちた。嶋田隆首席秘書官が代理で会うことが多い。

なぜ彼らが僕に会うか。もう「サンプロ」のテレビ効果もない。僕はすでにモンスターではなくなっていた。僕としては、私心のない憂国の志を、それとして受け止めてくれていると思っている。

首相との話は信義原則上、基本はオフレコだが、僕の長年のジャーナリスト経験に照らし、差支えのないもの、時代状況が必要とするものについてはメディアにオープンにしてきた。いくつか重要なエピソードを紹介しておこう。

「僕は殺されてもやる」と言った小泉

二〇〇一年、小泉が三度目の自民党総裁選に出馬した時、中川秀直からある料理店に呼ばれて相談を受けた。

「小泉は過去二回負けており、今回負けたら政治家として終わりだ。田原さん、どうすればいい」

僕はこう答えた。

「いままでの総理大臣は経世会出身者か、その全面的な応援を受けた人がなっている。小泉が真っ向からこの派閥と喧嘩して、相手をぶっ潰すと公然と言うなら、僕は支持する」

実はその日、小泉は別な場所に控えていて、中川が直接小泉に言ってほしいと連れてきた。僕は、小泉に同じことを言ったうえで、こう付け加えた。

「でも、それを言ったら政治生命が危なくなる可能性があるぞ。暗殺されるかもしれない」

小泉はこう返した。

「田原さん、僕は殺されてもやる」

それが、小泉の総裁選時の「自民党をぶっ壊す」というセリフになった。僕が「旧田中派をぶっ潰す」と言ったのを、言語感覚が抜群の小泉は「自民党をぶっ壊す」と、さらにボルテージを上げたのだ。

小泉には、総裁選での亀井静香との因縁もあった。亀井も立候補しようとしたが、亀井を下ろさないと票が割れて小泉の総裁当選は覚束《おぼつか》ない。そこで僕は小泉にこう言った。

「あなたが首相になったら亀井を重要ポストに処遇し、その主張を一〇〇％実現することを条件にして亀井を口説け」

小泉はそれを実行して、実際に亀井は下りた。

小泉は首相になった。

だが、小泉は前言を翻し、亀井との約束をことごとく破った。僕は小泉に訊いた。

「なぜ亀井を裏切ったのか」

小泉はこう答えた。

「いま日本の金融・財政事情は最悪だ。このままいくと銀行が潰れる。この問題を解決できるのは竹中平蔵だ。だから竹中を全面的に起用した（経済財政政策担当相）。竹中と亀井は仲が悪いが、政権としては竹中を優先せざるを得ない」

亀井は怒って、小泉が郵政解散をすると自民党を離党し、新党を結成した。

それから数年後、民主党政権ができ、亀井は郵政改革の担当相になると民営化路線を逆行させた。

僕は亀井に訊いた。

「あんたは郵政に興味あったのか」

「まったくない」

亀井は小泉のやったことを潰したかっただけなのだ。亀井には、小泉に裏切られたという深い怨念があった。権力闘争の一つの側面を教えてくれる挿話だ。

小泉訪朝にも秘話がある。拉致被害者を帰国させ、北朝鮮の核・ミサイル開発を抑制し、日朝国交回復しようとする画期的な日朝平壌宣言（二〇〇二年九月一七日）で合意したが、結果的にこの路線は破綻した。なぜか。

北の核開発が予想以上に進んでおり、米国の介入があったなどいくつか原因があるが、実は、小泉は金正日にブッシュ・ジュニア訪朝を仲介すると約束しており、イラク情勢急迫でそれが結果的に実現できなかったことが大きかった。小泉が金正日を裏切ることになってしまった。僕は小泉からそう聞いている。

小泉といえばやはり郵政解散だ。民営化法案を参院で採決する前に森喜朗が小泉に会い、継続審議を進言した。これに対して小泉が参院での採決を譲らず、否決された場合には衆院を解散すると明言した。その後、森が僕に相談した。参院採決前の日曜日（二〇〇五年八月七日）の「サンプロ」で、小泉との会談の中身を暴露して小泉をコテンパンにやっつけたいという。僕はこれに乗った。森は番組で徹底的に小泉批判をした。

これで流れが変わるかと思ったら、まったく変わらなかった。翌八日民営化法案は参院で否決され、その足で小泉は衆院を解散した。森と同様、僕らもこれで自民党は負けると思っていたが、さにあらず。小泉が各選挙区に刺客を立て大勝ちした。小泉劇場を仕立てて初志貫徹した。自民党や政界全体から嫌われても、民意の力を借りて自分のやりたいことをやり抜いた。

あの時、小泉は政治家としてすごかったと思う。時代と呼応し合うインスピレーションがあったのは確かだろう。

安倍には「二度と靖国《やすくに》に行くな」と

安倍晋三とは彼が小泉政権の官房副長官時代からの付き合いだった。

僕が最も頻度高く会った首相だと思う。

小泉政権の末期、小泉にポスト小泉は誰だと訊いた。

「安倍しかいない」

それもあって二〇〇六年九月、まだ官房長官の安倍にこう言った。

「首相になった場合、通常は訪米が優先されるが、あなたの場合は訪中すべきだ。小泉時代の毎年の靖国参拝で日中関係は最悪の状態になっており、これを改善するのが安倍政権の役割だ」

当時の谷内《やち》正太郎外務事務次官らが中国側と事前調整し、「戦略的互恵関係」という新しいキーワードで日中関係を改善することができた。

第二次安倍政権では安倍本人の靖国参拝（二〇一三年一二月二六日）が大きな批判を受けた。

その時に僕は安倍にこう言った。

「首相の靖国参拝はこれまでは韓国と中国が批判したが、今度は米国も批判した。なぜかわかるか。あなたは岸信介の孫で、米国からは、いまの日本を戦前の日本に戻したい歴史修正主義者だと見られている。もし安倍政権を続けたければ、『戦後レジームからの脱却』とはもう言わないことだ。二度と靖国へ行かないことだ」

安倍はこう釈明した。

「日本会議以下、自らの応援団を丸一年待たせた。これ以上遅らせるわけにはいかなかった」

だが僕の説得に、しばらく考えてから、こう明言した。

「よくわかった。田原さんの言う通りにする」

実際、それ以降、在任中彼は靖国には行かなかった。「戦後レジームからの脱却」もあまり言わなくなった。

菅義偉も、安倍政権の官房長官時代からの縁だ。僕は、ポスト安倍に若干関わった。

二〇一八年の総裁選で安倍が三選された直後（一〇月二二日）のことだ。安倍が訊いてきた。

「ポスト安倍は誰がいいと思うか」

僕は即答した。

「菅だ。菅は世襲ではない。働きながら大学へ行った苦労人だ。ずっと官房長官をやらせているということはあなた自身が最も信用していることの証だ」

そう理由を述べると、安倍は、「実は僕もそう思っている」と言った。

二〇二〇年になってから、菅に電話して、僕は初めて「ポスト安倍はあんただよ」と言った。菅はびっくりしていた。

「へえ、本当ですか」

翌日、二階俊博幹事長と会ってポスト安倍は菅だと言うと、「一番それがいい」とのことだった。安倍の意向、菅のやる気、二階の応援という形でことが運んだことになる。

安保、経済、国民生活……岸田政権が抱える難問

岸田文雄はどうか。

聞く耳がある。メモを取ってよく聞いてくれる。これまでの総理でメモを取って話を聞いたのは中曽根、宮澤、そして岸田だ。ただ、田中以後会ってきた二十余人の首相のなかでは、はっきり言って最も平凡な男だ。首相になったらこれをやりたいという強い目標もなかった。中曽根康弘の「戦後日本の総決算」、小泉純一郎の「郵政民営化」、安倍晋三の「戦後レジームか

らの脱却」が、岸田にはない。

ただ、岸田は時代から大きな仕事を求められている。時代とポストが人を変える。ライバル不在の現状で、岸田時代は簡単に終わらない。総裁再選も視野にあるだろう。僕は岸田に言っている。

「安倍もいなくなった。ここは思いきって岸田色を出したらどうか」

まず安保政策だ。いかに自国の安全保障に主体性を持つかということについては再三強調してきたが、岸田にもこの考えは伝えてある。

同時に中国に台湾を武力攻撃させないためにどうするか。岸田が取り組むべき最重要課題だ。米中対立を激化させない。日中間の対話のパイプ、人脈を復活させ、風通しをよくすることだ。自民党の国会議員が媚中派《びちゅうは》という批判を避けるために訪中しないという妙な空気を一掃し、問題のある国と議論するのが外交だという原点に戻ることだ。日本が米国に対する説得力を持てるか。中国をちゃんと口説けるか。日本が米中間を仲介できるかどうか。二階俊博の習近平パイプを活用するのも一つの重要な手段だ。

もう一つは経済だ。この三〇年、欧米はそれなりに経済成長しているのに日本はまったくしていない。韓国にも逆転されつつある。しかも円安で、物価高が止まらない。日本経済はピンチなのに、対策がほとんど取られていない。

岸田が言う「新しい資本主義」はいまのところ中身が見えない。異次元金融緩和の出口を見据えながら、年功序列や終身雇用制など日本の労働・経営慣行にもメスを入れるべきだと僕は思っている。

最後まで現実課題を列挙して、情緒ある終わり方ができずに恐縮だが、未来を見つめながら、死ぬまで現在と格闘するのが僕の流儀なので、お許し願いたい。

僕はジャーナリズムを生きている。

【倉重メモ】舛添要一、佐高信による田原の本質論

元都知事の舛添要一も田原との親交が長い。東大助教授時代、フランス政治の専門家としてテレビに出ることになり、田原とも、若手政治学者を集めた勉強会で懇親を深めた。「朝生」に出たのは一〇〇回以上、最多出場回数を誇る。

舛添の田原論はなかなか手厳しい。テレビあっての田原であり、田原をモンスター化させたのはテレビ文化そのものだと言う。

「田原さんと私を比べると、マスコミで評論し、テレビに出ているのは共通だ。だが、私は政治家、学者もやった。田原さんは、私から言うと政治家経験がない、研究者でもない。真ん中に田原さんがいて、片一方に政治家、もう一方に学者がいると、田原さんは双方からの批判の対象となる。学者から見ると、田原さんの本は研究書としては批判に堪えない。政治家サイドから見ると、自分たちはあれだけ苦労して選挙しているが、その苦労がわかるのか、と。政治家や学者を叩くのは結構だが、その両サイドからの田原批判がある。私は両方にいたからよくわかる。田原さんは政権に厳しいことを言っているが、裏ではどうなのかわからないという批

判もある」

学者の研究からも、政治家の実践からも批判され得る田原がなぜ力を持ったのか？

「そういう問いや批判をすべて雲散霧消させるのがテレビというメディアだ。テレビが彼の権力の源泉だ。テレビがなければ田原総一朗はなかった。なぜならテレビの伝播《でんぱ》効果によって全国のおばさんが田原さんを知っているからだ。私は本を書いていてわかるが、毎日のようにテレビに出ていたら本がよく売れる。ロシア軍事の専門家の小泉悠《ゆう》君なんかがそうだ。だが、いまのように出演がない時期が続くと、売れない。テレビメディアのすごさというものがそうさせている。繰り返すがテレビがなければ田原総一朗はなかった。私はテレビに乗っていた時期とそうでない時期がある。叩かれた時期を含めて」

なぜ時の首相は田原に会うのか。

「どうせ会うなら発信力のあるやつがいい。そこそこにちゃんとしたことを言う方がいい。それで田原さんが選ばれた。会わないと、何を言われるかわからない。会うと、彼は宣伝する。それがまた彼の権威の源泉になる。彼にとってみれば好循環、首相のご意見番であることは、彼にもテレビにも力を与えることになる。それをずっとやってきた。それが彼の力の源だ。テレビがなければそれもなかった」

田原は、独自に勉強会もやっている。

「政治家も識者も、彼が声をかけると皆寄ってくる。田原さんは、勉強会をやると言って人を集めるのが得意だ。自分の知識を補うことにもなる。貴重な上澄みを吸収して、それを首相官邸に持っていって、もし実行されれば、あれは俺が言ったことだと宣伝する」

田原を突き動かすものは？

「好奇心だろう。それとやはり誤解であれどうであれ、俺がやったからこう変わったんだという生きがいでしょう。酒は飲まない。趣味に淫するところもない。田原さんは、知的好奇心が基本だ。なるほど、全身ジャーナリスト。よく体がもつなと思う。田原さんの頭はよく動いている。耳が遠くなっているだけだ」

田原の批判者であり、もしかすると最大の理解者であるかもしれない佐高信に、また登場してもらう。

「あの人は『S（サド）』に見えて、実は『M（マゾ）』だよね。職業的には、ガンガン攻めて、『S』だけど、本質的には『M』ですよ。私があれだけ批判しても、私とは会う。『田原総一朗よ驕るなかれ』などの本まで書いているのに。私が『サンデー毎日』のコラムで『田原よ、退場せよ』と書いたら、当時やはり『サンデー毎日』でコラムを書いていた岩見隆夫さんが見かねて茶々を入れた。さすがにそれは書き過ぎだろう、と。だけど、田原さんは褒め言葉も喜ぶが、批判もちゃんと言ってくれ、というところもある。また、激突対談が好きだ。長野庬士についで論争して数年後、東日本大震災の直後にも原発をめぐってやり合ったこともあったが、その時は、お互い鋭く対立しながらも、なぜか生き生きと議論できた気がする。田原さんは、悪態も本質に迫る契機、また、悪名は無名に勝る、を地で行っているところがある」

佐高が言う、東日本大震災直後の田原との論戦の一部を掲げよう。

田原　僕はいまの反体制の人たちはダメだと思う。みんな営業反体制だよ。本当の反体制ならば、官邸へ突っ込めよ、行ってみろよ。でも彼らはそういうことをやらないじゃない。

佐高　いきなり極論ですね。突っ込むに値するような官邸でもない。

田原　雑誌で反体制的なことを書いて、本にして売って商売してるんだから、そんなのは営業反体制だ。大江健三郎でも誰でも、みんな営業反体制だと僕は思っている。言っておくけど、僕は反体制に反対ということじゃない。ただ、反体制であるならば、まず行動をしろよと言いたい。

佐高　田原さんの言いたいことはわかりますけれども、いまの時代にテロをやれと言ってもしょうがない。

田原　テロじゃない。官邸に突っ込むのが、なんでテロなのよ。

佐高　反体制の個人がしっかり体重をかけて行動しろということはわかります。ただ、私は個人の力というものを過小評価してもダメだけれども、過大評価しても意味がないと思っている。

田原　でも僕は彼らの覚悟のなさにいらだつ。それに彼らは頭が悪過ぎる。彼らの共通認識になっていることのほとんどが、僕に言わせれば明らかな認識不足だったり、恣意的な曲解だったり、単なる勉強不足だったりする。たとえば、いま反原発を主張する人たちは「原発の安全神話が壊れた」とか言う。でも、「安全神話」なんて昔からないんだよ。僕は四〇年前に『原子力戦争』を書いて、「安全神話」なんてないと言っている。マスコミが、いわば電力会社や政府に協力して、「安全神話」という幻想を作り上げただけです。それを認識の前提にしてしまっているからお話にならない。

佐高　電事連（電気事業連合会）や東電や政府が金を使って、マスコミやメディアを操作していたことが諸悪の根源でしょう。

田原　マスコミやメディアは金だけ受け取って、受け取っても批判すれば良かったじゃない。そういうしたたかさもない。

佐高　田原さんは電事連からお金の誘惑はなかったんですか？

田原　僕は、金は受け取らない。佐高さんは僕のそういうところを書かない。野中広務が朝日新聞に書いたでしょう。「自分の金を受け取らなかったのは田原総一朗だけだった」と。

佐高　それは読みました。

田原　だったら、たまにはそういうことも書いてよ。

痛罵し合いながらも議論は溌剌《はつらつ》としている。田原と佐高だからなし得る激しい対話なのだろうが、田原がテレビで作ってきた議論の自由な空間のセンスが息づいていることも確かだろう。モンスター田原に対する論評は尽きない。高野孟が言うように、田原は、日曜日に画期的な情報空間を作り出した功労者であろう。日本のラリー・キングでもあろう。劇場型政治を加速させたことも確かだろう。そして、それらすべてを作り出したのがテレビ文化であったこともまた舛添の言う通りだ。

時代とテレビ文化が、過去に例のないテレビモンスターを作り上げたことは明らかになったと思う。

「朝生」での突然死を目標にするという田原は、いまどんな思いで最終コーナーを疾走しているのだろうか。

終章　混沌《こんとん》を生きる方法

──ジャーナリズムは未来を探る

我ながら、いままで語ってきたようなことをやって、よくぞここまで生き延びてきたと思う。終章では僕のいま現在と未来について語っておきたい。次代の日本のために僕が何を残そうとしているのか、その最後の志について知っていただき、読者の皆さんにも関心を持ってもらいたいからだ。

二人目の妻・節子の死

僕の人生で、大きな出来事はいくつもあった。子どもの頃の敗戦体験がそうだったし、「サンプロ」が打ちきりになった時も、自分の全存在を否定されたような喪失感があった。ここ一〇年では、安倍政権時代に集団的自衛権の行使容認に賛成したのも、僕のジャーナリスト人生のなかで大きな決断だった。それを一つのきっかけに、日米安保における日本の主体性をどうするかという僕のライフワークが定まったことはこの本でも繰り返し述べた。

プライベートの大事件もあった。その最たるものが二人目の妻・節子の死だった。彼女は僕にとって特別な人だった。

僕は二度結婚している。最初の妻は、僕が早大時代居候をさせてもらった先の三歳年上のいとこ・末子で、一九八三年九月二一日、がんで亡くなった。五四歳の早過ぎる死だった。彼女は僕の姉のような存在だった。実は僕は末子を看病する一方で、二人目の妻節子と恋愛関係にあった。節子にも夫がおり、いわば不倫関係だった。

節子は元日本テレビアナウンサーで、ウーマンリブの闘士でもあった。アナウンサーから審査部に配転を命じられたのを不服として裁判に訴えて話題になったこともある。

ある仕事で顔見知りになってからも、僕とは喫茶店で論争ばかりしていた。僕は初めて裸の自分をぶつけることのできる人にめぐり合った気がした。

彼女は僕がディレクター時代には、制作した番組について冷静な批評をしてくれ、ライター時代には原稿に朱筆を入れてくれた。僕にとっては精神的にも仕事上でも、なくてはならないパートナーになっていった。末子が亡くなって六年後の八九年八月、すでに夫と離婚していた節子と僕は再婚、文字通り二人三脚でやってきた。

その節子が亡くなったのが二〇〇四年八月だった。五年一〇カ月間、乳がんによる闘病生活の末であった。僕はこの時ほど献身的に尽くしたことはない。節子の車いすを押すだけでなく、風呂に入る時は一緒に裸になって洗ってやったりした。それだけに、彼女を失った時の悲しみと喪失感は、凄まじいものがあった。心の中に大きな穴ぼこができたような気持ちだった。もう生きていてもしょうがないと思ったこともある。それだけ彼女は僕にとって大きな存在だった。

葬儀は築地本願寺で行い、葬儀委員長は電通の成田豊が買って出てくれた。しかし遺骨は墓地に埋葬せず自宅に保管していた。

この時も、仕事が僕を救ってくれた。ニュースと日々格闘することが僕の心を癒やした。節子の代わりの秘書的仕事も二女の綾子と三女の眞理がやってくれるようになった。節子が没して三年後の二〇〇七年、ようやく納骨に踏みきることができた。

それからまた一六年以上経過した。

精一杯生きることが理想の終わり

いまの心境はどうか。僕はもともと寂しがりやだ。節子を亡くしての一人暮らしに孤独を感じることがあるが、いまでは何とか生きていく自信が付いた。

忙しいことがありがたい。誰かに求められているという実感があるからだ。自慢しているように聞こえるかもしれないが、亡くなった安倍晋三も、菅義偉も、志位《しい》和夫も、枝野幸男《ゆきお》も、泉健太も、なぜか僕を信用してくれている。田原さん、力を貸してください、と。

僕の場合、一番困るのが認知症になることだ。

「朝生」によく出てくれた西部邁が二〇一八年一月二一日に自殺した。死ぬ二年前くらいから死にたい、死にたいと言っていた。体の調子が悪く、手が思うように動かなくなり、文章が書けなくなったからだ。そのことをとても悩んでいた。娘さんに口述筆記してもらっていたが、それが辛《つら》いと漏らした。

僕も最近になって認知症の気が少し出てきたような気がしないでもない。だからといってそれをひたすら恐れることはない。

認知症にならないために僕なりの方策を取っている。毎日何人もの人に会っている。それもなるべく問題を抱えている人と会うようにしている。彼らは真剣に生きている。それがこちらにも伝わってきて、心身を活性化してくれる。問題こそが蘇生《そせい》の始まりなのだ。そして、仕事が僕にとっての最大の薬である。特に若い連中に会うことにしている。同じ世代だと刺激がない。面白いのは断然若い連中だ。

世の中では「終活」が流行だ。僕はそんなことをしたくない。一時、『週刊現代』や『週刊ポスト』が終活問題を競って報道していたが、僕は親しい編集者にはこう言っている。

「高齢者は、実際にはそんなことに興味はないよ。週刊誌が毎週騒ぐからやらないといけないのかと思う人が出始めただけだ」

いわゆる「断捨離」にもまったく興味が湧かない。そもそも僕はモノに対して執着心がない。遺言書は、書いていないが、財産の相続については専門家と相談して方針は決めた。後は娘たちがそれに従ってやればいいと思っている。墓に入ろうが、散骨でそのへんに撒《ま》かれようが、どうでもいい。精一杯生きることができれば、それが理想の終わりだ。

ただ、僕の年になると、死についても語らなければならない。尊厳死ということも考えるが、難しいのは「もう治療は必要ない、死なせてくれ」と思っても、死ぬ直前になると「もっと生きたい」と思うかもしれないことだ。

はっきり言えるのは、治る見込みが一〇〇％ないのに延命措置をして生かしているケースがあり、それが医療費の高騰にもつながっているということだ。僕はそれをやめてくれと拒否する権利は柔軟に認めるべきだと思う。

「朝生」放送中の突然死という理想的選択肢はいまだに捨てていない。不思議なことに、自分で死に方を決めてその通りにやってやるぞと思うと、どこか死ぬことが楽しみになる。待ち遠しいとは思わないが、少なくとも死ぬことが怖いという気持ちがなくなった。

僕が永六輔を偉いと思ったのは、勲章をもらわなかったことだ。天皇から直々にもらえるという話もあったが、それも断っている。僕もこれだけ長い間ジャーナリストをやり、いろんなことを書いてきたが、賞というものにまったく縁がなかった。向こうから声もかからない。最後まで賞と無縁な人生をまっとうしようと思っている。

西郷隆盛の名言がある。

「命もいらず、名もいらず、官位も金もいらぬ人は、仕末に困るもの也《なり》。此《こ》の仕末に困る人ならでは（でなければ）、艱難《かんなん》を共にして国家の大業は成し得られぬなり」（山田済斎編『西郷南洲遺訓』岩波文庫、一九三九年）

もう一つのライフワーク「クオータ制」

さて、その僕が何を残せるか。

政治的なアジェンダはある。エネルギー政策で脱炭素と原発をどうするか。経済政策としては新しい成長戦略をどうするか。米中戦争をどう回避するかという安保政策についてもこの本で散々開陳してきた。中選挙区制から切り替えて三〇年経過した小選挙区比例代表並立制という現在の選挙制度もその功罪を総括し、いま一度見直す必要があると思っている。

なかでも僕がいまぜひとも何とかしなければならないと思っているのがジェンダーギャップの解消だ。

日本はあまりに男女格差が激し過ぎる。政治の世界が典型だ。英国のサッチャー首相、独のメルケル首相、伊のメローニ首相、韓国の朴槿恵《パククネ》大統領、台湾の蔡英文総統、ニュージーランドのアーダーン首相らと、世界では女性リーダーが次々と誕生しているのに、日本では衆議院議員の女性比率が一割程度と極めて低迷している。

もちろん少しずつ、改善の傾向は見られる。

二〇二三年四月に行われた四一道府県議選（統一地方選第一ラウンド）では、女性の当選者が計三一六人と、前回一九年の選挙の二三七人に比べ三割増し、過去最多となった。統一選第二ラウンドの市区町村長・議員選挙でも女性の躍進が目立った。東京都内でも多くの女性首長と議員が当選した。首長選では、前回はゼロだった女性当選者が四人に増え、当選者全体の二二%になった。また、杉並区と武蔵野《むさしの》市の議会は、議員の半数以上が女性となった。

ただ、まだまだ足りない。「世界経済フォーラム」が発表するジェンダーギャップ指数（二〇二三年版）で言うと、日本は管理職の女性比率や労働所得の男女差が大きく、一四六カ国中一二五位だ。経済分野では一二三位、政治分野では世界最低クラスの一三八位だった。日本がここまで下位である背景には、男女同権と言いながら家庭生活で最もエネルギーを使う子育ては女性の仕事という意識が残っているという問題がある。

多くの先進国では、男女がほぼ同じ立場で子育てに取り組んでいるのに、日本では男性の育児休暇取得率はわずか一七％ほどに過ぎない（厚生労働省、二〇二二年度）。小泉進次郎が育児休暇を取ると言って大騒ぎになったくらいである。

森喜朗が日本オリンピック委員会（ＪＯＣ）臨時評議員会で、「女性がたくさん入っている会議は時間がかかる」などと女性蔑視発言をして東京五輪組織委の会長辞任に追い込まれたが、僕は最大の問題は、あの森発言があった時、その場で「森さん、あなたは間違っていますよ」と誰も言ってあげなかったことだと思っている。女性蔑視は森だけではなく日本全体の問題なのだ。そういった認識に立たない限り、この問題は前に進まない。

そこで僕がいま取り組んでいるのが「クオータ制」の導入だ。クオータ（quota）とは、ラテン語に由来する英語で「割り当て、分担、取り分」との意味で、選挙候補者の一定比率を女性に割り当てる制度だ。ノルウェー発祥で、地方選を含めると一三〇の国、地域で採用されている。

長野智子を促して「女性政治家の会」

二〇二一年五月一二日、日本の国政選挙でも「クオータ制」導入を目指す、超党派の女性議員の会を発足させた。「朝生」司会役をしてくれた長野智子が事務局長役で、僕が座長を務めている。

これには次のような経緯があった。

二〇二〇年九月、長野がテレビ朝日の番組を卒業するというので、僕が内輪のお疲れさま会をセッティングした。コロナ禍であまり送別会みたいなことができない時期だったが、六本木・アークヒルズのお寿司屋《すしや》さんで三女の眞理と三人でご飯を食べた。

こんなやりとりになった。

「これから長野さん、どうするの?」

「何か取材をして伝える仕事は続けていきたいんですけど」

「ジャーナリストということ?」

「いや私、ジャーナリスト、できるかな」

若干、半端な返事だったので僕は突っ込んだ。

「ジャーナリストになるんなら信念がないとダメだよ」

「田原さんはどういう信念を持っていらっしゃるんですか？」

僕はいつもの田原流ジャーナリスト三原則を紹介した。

「二度と日本に戦争をさせない、言論の自由を守る、強い野党を作る、この三つの信念で僕はジャーナリストをやっている。そういう軸がないとジャーナリストというのは続けていけない」

長野はテレビ朝日のキャスターもやったし、「ハフポスト日本版」というニュースサイトの編集主幹もやっていた。センスもいいし、ジャーナリストでも十分通用する。僕は期待していたからこそ、厳しめに注文を付けた。

いろいろやりとりするうちに、長野が「女性の国会議員を増やしたいですね」と言う。僕の問題意識にズバリ球を投げ込んできた。

彼女が言うには、キャスターとして、ジェンダーギャップ指数を毎年伝えてきて、そのほぼ永遠に変わらないような低さに、虚《むな》しさを感じるとともに、日本が抱える諸問題の根源がそこにあるのではないか、と思えてきたそうだ。そして問題の根源をこう語る。

「政府が女性活躍と音頭取りしても、具体的な女性の労働環境整備は一向に進まない。正規・

非正規の問題や男女の賃金格差も含め、何も進まないというところに、いま日本が抱えるいろんな問題が全部くっついているような気がしている」

僕もその通りだと賛成した。そして、女性政治家を集めた勉強会を作ることを勧めた。ちょうど「クロスファイア」でもジェンダー問題を取り上げており、熱心に取り組んできた野田聖子も加わることになった。辻元清美、矢田稚子《わかこ》の二人を長野に紹介し、そこで勉強会の発足となった。各党から女性議員に出てもらい、月に一回勉強会を行い、すでに一六回（二〇二三年末時点）の議論を重ねた。

会はフルオープンだ。メディア側の報道もここ二年で増えた。男性の記者も関心を持ってくれている。僕も登壇し「どこの分野でも女性の比率が増えないのは、男性が自分の既得権益を失うことを恐れているからだ。企業などにすぐに導入するのが難しくても、少なくとも政治家にはクオータ制を強制的に導入すべきだ」という持論を発言している。

会合には元NHKアナウンサーの下重暁子にも参加してもらった。

下重は僕の亡き妻節子と同い年で、二人ともいまとは比較にならないほど女性差別がひどい時代の放送職場を生身で経験している。それを踏まえた発言は重みがあった。

「日本は女性の雇用が増え、働く場は増え、一見とても変わったように見えるが、まだまだ奥深さがない」

僕はこの会に毎回出席している。休んだことがない。男女平等の意識については、僕は生前の節子からもかなり厳しい「教育」を受けているし、永田町へのネットワークも築いてきた。この会に岸田文雄に来てもらうことも考えている。

長野智子がこう言ってくれている。

「田原総一朗という人が座長でいることは、この勉強会にとっては大きな意味がある。女性だけでやっていたらあまり見向きもされないかもしれない。田原さんがいることで政治記者たちも何を始めるのかと関心を持ってくれるし、参集する議員のモチベーションも高まる。本当にありがたい」

僕は「朝生」では、一〇〇%女性の回を何度か実現した。二〇一七年に「戦争と平和」を取り上げた時は一〇人全員が女性パネリストで、核や北朝鮮問題を議論した。感情的になることもなく、建前論に終わることもなく、実に充実した議論を展開できた。「女性が輝く社会」を女性だけで議論した時も同様だった。

長野や野田、辻元たちのよき応援団となり、僕の目の黒いうちに何とかクオータ制を実現できないかと思っている。

新しいことは必ず旧体制とぶつかる

新しいことをしようとすると、必ずや旧体制とぶつかる。これは歴史の法則だ。どの時代でも、どの社会でもそうだった。新しいことが既得権益を侵し、既存の秩序を壊すことがあるからだ。人間は昨日やったことをまた今日も行い、明日も同じように続けたいと思う、基本的には保守的な生き物だ。だから、変化や革命を本能的に嫌う。ただ、新しいものが始まり、古いものを打ち破ることがないと、進歩や発展もない。

最近話題になったChatGPTという新しいＡＩ技術がある。Ｗｅｂ上のビッグデータをもとに学習する文章生成言語モデルで、質問を打ち込むと、たちどころに達者な答えが返ってくる驚くべき便利なものである。

この新技術についても案の定その是非論が盛り上がった。教育や研究に積極的に活用すべきだという論と、プライバシー保護の観点から危険だから規制すべきだという論である。

僕は、知り合いの松尾豊・東大教授に訊いてみた。どっちなんだと。松尾は、人工知能、深層学習（ディープラーニング）研究の日本の第一人者だ。

松尾は前向きだった。

「これはインターネットに匹敵するか、それ以上の技術革新だ。半導体、内燃機関、電気に比肩できる人類史に残るものだ。教育や研究だけでなくさまざまな活用ができる。政治に対する理解も変わってくる。有権者の意見を吸い取りやすくなるし、政治家の考えも伝えやすくなる。有権者からしても、この候補者が前に何を言っていたか、ちゃんと仕事をしているのかを訊けば、一覧表にまとめてくれたりする。政治家がその場しのぎのことは言いにくくなる。僕はいい方向に使えると思う」

イギリスでは、産業革命の時、人間は自分の仕事を奪われるのではないかと、「ラッダイト運動」という機械ぶち壊し運動をしたことがあった。しかし、結果として機械は人類を発展させた。

何が人間社会を前に進めるかの見極めは簡単ではない。批判的思考も大事だが、新しいものを条件反射的に忌避するのではなく、そこに好奇心を全開して向き合っていくのもジャーナリズムの一つの役割ではないか。そこには日本や世界を救済するアイデアが隠されているかもしれない。僕は基本的にはそういう立場に立つ。

出所直後のホリエモンから電話があった

だからこそ、僕は若い人に期待したいのだ。困難な時代には、従来のしがらみから脱却した新しく特異な発想の若い人たちが少なからず登場してくる。大人たちには考えつかないユニークな展望を示してくれる。

たとえばホリエモンこと堀江貴文だ。彼は既成のメディア秩序に反乱を起こすべくニッポン放送を買収しようとした。そして証券取引法違反で逮捕された。選挙にも出たし、宇宙事業にも投資している。

僕は彼が会社を興した時から知っているが、警察に逮捕される前日まで対談していた。しばらくして突然電話がかかってきて「堀江です」と。いまどこだと訊いたら、「たったいま刑務所から出てきました。またお会いしましょう」と言う。面白い男だ。

メディア・アクティビストの津田大介にも思い入れがある。紹介してくれたのは、講談社で僕の担当だった瀬尾傑（現スローニュース代表）だ。瀬尾は津田の他にも、古市憲寿《のりとし》、堀潤、松尾豊、夏野剛《たけし》、川上量生《のぶお》、佐々木俊尚《としなお》などを、彼らがメディアでブレイクする前に紹介してくれた。彼らはいま全員最前線にいると言っていいだろう。

津田は二〇一九年開催の国際芸術祭「あいちトリエンナーレ2019」で芸術監督を務めた。その際、一企画だった「表現の不自由展・その後」で出展された一部の作品が物議を醸し、騒動になった。

昭和天皇の写真をコラージュした自作を燃やして灰を踏みつける映像を展示したことや、韓国の日本大使館前に設置されている「平和の少女像」のレプリカを展示したことに対し、右派や一部市民の怒りを買い、脅迫や大量の抗議電話が愛知県に殺到した。

僕は津田のこの話を聞いて、かつて僕が経験した右翼からの脅迫事件を思い出した。

二〇〇二年八月一八日放送の「サンプロ」で靖国参拝問題を取り上げた時のことだ。ゲストの高市早苗衆議院議員が、満州事変以降の戦争は「(日本の)セキュリティのための戦争だったと思う」と発言したのに対し、僕が「あれは侵略戦争だ。そんな無知が国会議員をやっているなんておかしい。(靖国神社に行く人もまた)無知で下品な人間だ」と言ったもんだからこれが大炎上した。

この発言に怒った右翼団体が連日のように街宣車でテレビ朝日前に大挙して押し寄せ、僕の自宅にも街宣車が何台も来た。それが収まらない。僕も表向きでは、「糾弾されるのは大好きだ」と強がっていたが、何とか話し合いの道はないものか、探っていた。

右翼団体に一人乗り込んだ津田大介

池口恵観が間に入ってくれた。池口は高野山真言宗の大僧正で、政財界に特異な人脈を持つ人物だ。僕とは、亡くなった二人の妻が闘病中に加持祈禱《きとう》してもらった縁がある。

その結果、九段会館で右翼団体の人たちと話し合いをしようということになった。相手は二〇〇人ぐらいいただろうか。僕の方はテレ朝の人たちが何人か来てくれた。

彼らは最初、猛《たけ》っていた。

僕の発言を取り上げ「何でそんなことを言ったんだ」と激しく責めてきたので、僕はひたすら「日本は民主主義の国だから、言動の自由というのが大事だ」「暴力でこれを押さえ込むのはよくない」と弁明した。

僕は彼らのあらゆる批判、怒号に真摯に答えた。二時間半ぐらいで対話が終わった。お互いに考えは違うけど、国を思う気持ちは同じだということで、相手も理解してくれた。最後は握手攻めになった。

これを写真週刊誌『フォーカス』が大特集し、『週刊新潮』にも記事が載った。今度は別の右翼団体が来て、俺たちもやろうということになり、高田馬場のホテルで五〇人くらいとやり合った。それに対しても僕は丁寧に対応した。

それから右翼の抗議は一切なくなった。

この僕の体験記を津田が読み、「あいちトリエンナーレ2019」への抗議活動への対応に話し合い路線を取り入れた。九段会館のエピソードを思い出し、展示再開の際に右翼の人たちときっちり話し合わなければならないと考え、実行した。

津田によると、最も強硬だった右翼団体のリーダーの携帯電話に会いたいと連絡し、一人で名古屋国際ホテルのラウンジに乗り込んでいったという。相手は五、六人いて二時間話し、話は平行線に終わったが、最後は彼らも「あなたから連絡があって、こんなに自分たちの話を真剣に聞いてくれるとは思わなかった。意見は違うけど感謝している」と言ってくれたという。

僕はこの話を聞いて力強く感じ、嬉しく思った。津田の勇気にも敬服したし、僕のケースを参考にしてくれたことにも感謝している。津田とはジャーナリストとしての生き方にも共通点を感じている。

ホリエモンにしても津田にしても、まだまだ伸びしろのある世代だ。これからも彼らと付き合い、彼らの背中を押し、彼らから学んでいきたいと思っている。

どんな直球も変化球も暴投もウェルカム

ただ、気がついてみたらホリエモンも津田大介ももう五〇代となった。その次の世代から、第二のホリエモン、第二の津田大介を育てていくことも必要だ。二〇代、三〇代の人たちとも付き合いたい。

それが「田原カフェ」である。東京・早稲田にある一九五〇年創業の喫茶店「ぷらんたん」に場を借り、僕が「一日マスター」として、三三歳以下限定で三〇名前後の若者たちと交流するイベントだ。

二〇二二年二月からスタートし、月一回ペースで開催されている。毎回旬のゲストを呼んで、プレゼンテーションをしてもらい、それをベースに自由闊達《かったつ》に質疑、論戦するのだ。

僕も「マスター」としていろいろ発言させてもらう。

二〇二三年開催の例をいくつか挙げると、二月一七日のゲストは格闘技ドクターの二重作《ふたえさく》拓也で、テーマは「強さの再定義」。三月五日はジャーナリストの長野智子で、「見えない分断を想像する」。四月二一日はユーチューバーの濱井正吾で、「勉強は人生を変えるのか?」。五月一八日は一八万部超えのベストセラー『13歳からの地政学』著者の田中孝幸で、「世界は一つになれるのか?」。五月二九日はマルクスと環境問題をつなげた哲学者の斎藤幸平で、「成長し続けなければいけないのか?」。六月二〇日は衆議院議員の細野豪志《ごうし》で、「政治に声は届くのか?」。七月一八日は世界初の宇宙エンターテインメントを手がける株式会社ALE代表取締役の岡島礼奈で、「新しい価値を創るには?」。八月二四日は無所属の参議院議員・寺田静《てらたしずか》で、「政治に声は届くのか? partⅡ」。九月二五日は次期首相期待度ナンバー1の衆議院議員・石破茂で、「正しい政治って、なんだろう?」。一〇月一六日はNPO法人WELgee代表理事の渡部カンコロンゴ清花《さやか》で、「『他者』と共生できるのか?」。一〇月三〇日はジャーナリストの堀潤で、「深まる分断の手当て」。一一月二七日は野党の衆議院議員であり僕が注目してきた小川淳也で、「日本はもうおしまいなのか? 社会はもう変わらないのか?」。

会の流れとしては、まず参加者全員が自己紹介した後、前半一時間は僕とゲストのトーク、後半一時間は参加者をまじえてのディスカッションという二部構成だ。運営責任者の田中渉悟《しょうご》がモデレーターとなって進めてくれる。

このカフェでは、どんな直球も変化球も、暴投すらウェルカムだ。参加者の多くは、「朝生」でおなじみの「怖い、(人の話を)聞かない、空気を読まない」という「3K」の僕を期待して訪れる。僕もいつも通りに議論を攪乱する。若い人たちのなかからもいろんな議論が起きる。

暗礁に乗り上げ、そこからまた議論が始まる。結論が出るわけではない。そこにどんな意味があるか。

田中渉悟はその模様を以下のように言う。

「田原さんは私がテーマから逸《そ》れないように進めれば進めるほど、見事に違う方向へ流れをこじ開けようとした。『全然関係ない話をするけど』と前置き付きで、びっくりするくらい話題と関係のない話をぶち込んでくる田原さん。『人の意見を否定しない』という会のルールを無視して、お客さんの発言に対して『まったくちがう!』と声を荒げる田原さん。（中略）私はいかに田原さんの暴走を抑えるか、脱線から修復させるかで、頭が常時フル回転していた。（中略）ただ意外だったのは、そんな田原さんのぶっ飛んだ言動に、お客さんから度々笑いが起きたことだった。それはちょっとした可笑《おか》しみの笑いでもあり、『もはや笑う他ない』ポジティブな諦念でもあったように思えた。ツッコミどころしかない田原さんの振る舞いではあるが、何はともあれ空気がいい感じにほどけて、参加者さんも積極的に手を挙げて発言してくれた。（中略）終了後、あるお客さんの一人が声をかけてくれた。『いいカオスだった。また参加したい』それを聞いて『あれ、そう言えば今日のテーマってなんだっけ』と笑いながら、仲間と反省会に向かった」（「『田原カフェ』というカオス」note、二〇二二年五月一四日）

世界の始まりには混沌があった。そして、いまの世界も混沌と言うしかない。問題ばかりだが、だからこそ面白い。このカオスから何が飛び出してくるか、僕はそこに期待している。ジャーナリズムは、カオスを生き抜き、未来を探るための方法なのだ。

【倉重メモ】長野智子、辻元清美が「全身好奇心」田原を論じる

田原とともにクオータ制を模索する長野智子だが、近日中に日の目を見ることがあるのか。

「その壁は厚い。モチベーションのあるトップリーダーが出てこない限りはなかなか難しい気がする」

過去に唯一、いまの小選挙区比例代表並立制で、事実上のクオータ（女性の比率割り当て）が導入されたことがある。それは二〇〇五年の小泉純一郎首相による郵政民営化解散だった。あの時の自民党は、小選挙区ではいわゆる刺客候補擁立で話題になったが、全国一一の比例ブロック中七ブロックで一位を女性にして、女性の国会議員を爆増させたという。

だが、小泉クオータはあくまでも一回きりの例外事項でしかない。長野も「いろいろ勉強した結果、日本の場合は、クオータ制を法律で義務化しないと、二〇〇〇年たっても変わらない」との確信を深めたという。

では、どんな制度が日本にふさわしいのか。

「現実味があるのは政党助成金制度を活用、候補者をクオータ制にしたところには助成金を増

やす、不熱心なところには減額する、など何らかのインセンティブを与える、というやり方ではないか」

確かにこれは効くだろう。政党助成金制度は選挙制度変更に伴い、金のかからない政治にするため、国民一人あたり〝コーヒー一杯分〟＝二五〇円の助成金を各政党に配分するもので、共産党を除いた各政党は（共産党は思想の自由を踏みにじるとして制度に反対、受け取りを拒否）、約三二〇億円にのぼるこの公費を当てにしているからだ。

長野にとってみると田原は恩人だ。

「田原さんがあの時、勉強会やりなさいよ、と言ってくださらなかったら、勉強会そのものができていなかったし、クオータ制導入の議論もここまで来ていなかった」

長野は自分もまた田原に背を押された者の一人だと言う。

「田原さんは誤解されているところがある。何であんな年を取ってまで物事を仕切ろうとするんだ、みたいな言われ方をすることも多いですが、素顔の田原さんは純粋に好奇心の塊。基本的には若い人たちの話を聞くのが好きで、その中で強く興味を惹かれると面白いからやってみなさい、出てみなさいと、すごく背中を押してくれる人なんですよ。津田大介さんや古市憲寿さん、三浦瑠璃《るり》さんなど多くの論客も、みんな田原さんに背中を押してもらって発言の場を得て、影響力のある言論者として成長していると思うんですよね」

若手、また自らの後継者の育成も、田原ならではのやり方があるのだろう。

田原論の最後は、参議院議員の辻元清美に締めてもらおう。辻元もまた田原との因縁が深い。まだ二〇代の彼女が「ピースボート」の運営をしている頃から「朝生」に出演、その後、政治家になってからも節目ごとに田原との紐帯《ちゆうたい》を強めてきた。

「『朝生』への初出演の時のテーマは、確か『若者達の愛国心』で、田原さんには、意見を否定されたり、突っ込まれたり、相当いじめられた。出るのが怖かった。泣きそうになって帰りたいと思うことが何回もあった。ああ言えばよかったなどと悔しくて一カ月くらい悩んだこともあった。ただ、やはり田原さんに引っ張ってもらって、意見が違う人と論争することで私は鍛えられた。あれがなかったら国会議員になってなかったかもしれない」

辻元は「朝生」の功罪をどう見ているのか。

「あの時から日本は変わった。一九六〇年代末の全共闘運動以降、言論界、思想界はリベラルが主流を占め、戦前右派的な人々は逆にフラストレーションを抱えて肩身の狭い思いをしていたのではないか。それが一九八〇年代になり、全共闘運動とその問題提起がかなりの部分、破綻し、バブル時代を迎えた。そんな時代に田原さんは、左派と右派の両者を一つのテーブルにつかせ、『朝生』を始めた。右派の意見も公の場で語られ、可視化されるようになった。それが日本にとってよかったのか悪かったのかわからないが、その役割を田原さんがやった」

実際の議論から学んだことは何だろうか。

「田原さんのもう一つの仕事は、タブー破りだった。天皇制、部落問題、原発問題に挑戦した。私は左派として出ていたが、反省した。それまでは自分たちと同じような考えの人がいる場でしか発言、議論してこなかった。『左派村』ではダメ。他流試合、考え方が違う人と議論して初めて『本物』になれるということを学んだ。自分が鍛えられた。田原さんが議論を仕切り、ごまかし発言やポジショントークを嫌い、私が本音をしゃべると、目を輝かせて訊いてきた」

辻元は「サンプロ」にもよく出演した。

「田原さんが政治家を呼んでは失言を引き出し、内閣を潰すこともあった。宮澤さん、橋本さんとかね。加藤紘一さんも『加藤の乱』の時に潰された。だから、土井たか子さんなんかは『サンプロ』を嫌っていた。怖い、と。田原さんと『サンプロ』でやり合うのは、それなりの覚悟が必要だった。田原さんは最初からシナリオを持っていて、こっちを引っかけようとする。こちらとしてもその場を利用して政治を動かしてやれというのがある。だから真剣勝負だった。あんな真剣勝負の政治番組はもうない」

番組での田原の発言で、印象に残るものは何だろうか。

「第一次安倍政権の時、田原さんが『朝生』で『安倍という人は政治家ではない。右派の政治活動家だ。政治家になってない』と言った。それを番組中に聞いてハッと思った。私もまた左派の政治活動家であってはならない、本物の政治家にならなければ、と。そこから私は変わった。田原さんの一言は本質を突くところがある。万華鏡のような面もある。官邸に出入りし、フィクサーみたいに暗躍するが、ジャーナリストとしての活動もきちんとしているから不思議だ」

辻元も、クオータ制勉強会のメンバーだ。

「田原さんというメンターがいるので皆集まる。私たちが超党派で勉強会やろうよと言うのとはちょっと違う。田原さんという傘の芯みたいな存在がいて、そこに私たちがぶら下がるという、そういう役割を担ってくれている。このところ発言に繰り返しが多くなっているように思うが、同じ年代の人と比べると、異常に若いし、やはり『怪物』だと思う。田原さんは『僕には辻元清美の製造責任があるからね』と言って、私が窮地に立たされた時、自分の立場を顧みずに駆けつけてくれる。本質的には優しい人です。辻元清美というのを作ってくれた一人として、長生きしてもらいたい」

何が田原を走らせるのか。

「彼のエネルギーは好奇心です。あの年なのに若者たちとAIを勉強し、本を出したりもする。あの好奇心とエネルギー。好奇心が彼の命を支えているように思う。『全身ジャーナリスト』は、『全身好奇心』なんだよね」

辻元が田原の全体像を見事に描いてくれたと思う。「全身ジャーナリスト」の皮を一枚一枚むいていくと、何が核心にあるのか。それが「好奇心」であることは間違いないだろう。

おわりに

この本は、ジャーナリズムにすべてを捧《ささ》げてきた僕の全人生をまとめたもので、集英社新書の一冊として刊行される。僕としてもひときわ思い入れの深い著書になった。

本文で語ったように、僕は、朝日新聞、NHK、東京放送（現TBS）、日本教育テレビ（現テレビ朝日）、北海道放送など主要メディアを次々と受けて、すべて落ちた。そして、一一社目に受けた岩波映画に入社し、さらにその後、開局直後の東京12チャンネル（現テレビ東京）に移ったのだが、当時の東京12チャンネルは「テレビ番外地」と呼ばれていて、視聴者からまともに認知されていなかったのである。それに制作費もTBSや日本テレビの三分の一だった。

これでは、正攻法で番組を作っていたら、視聴率を取れるはずがない。TBSや日本テレビとは異なる魅力的な番組を作らなければならない。だが、制作費はやたらと低く、僕を含めたスタッフの能力は、どう見てもTBSや日本テレビの方が高い。

こんな堂々めぐりのジレンマにとらわれたすえ、僕は、TBSや日本テレビなどが、やりたくてもやれない番組、やろうと考えもしない番組、いわば「危ない番組」にチャレンジするしかなくなった。「危ない番組」とは、言ってみれば政府や警察や検察を怒らせて、下手をすれば逮捕されかねない内容ということだ。

反抗的な時代の気分の後押しもあり、僕は思いきりアナーキーになった。「危ない番組」を作りまくって、警察には二度逮捕された。だが、いずれも番組は無事放送されて、僕は処分もされなかった。いまから考えると奇跡のようにも思えるが、ジャーナリズムとは本来そういうアナーキーで自由なものなのである。当時のタブーに斬り込む精神だけは捨てずに、僕はジャーナリストとして七〇年近く歩んできた。

そんな僕が気ままに語る人生の軌跡や記憶の断片を、倉重篤郎が本書に見事にまとめてくれた。いま僕はゲラを読みながら、倉重の力量を再認識している。倉重とは『サンデー毎日』で数々の仕事をともにしてきた。日本のジャーナリストは、「良い悪い」という公的な価値を掲げて記事を書きながらも、実際には「損か得か」という私的な実利で動いている場合が多いが、倉重は公私のズレがほとんどない珍しい人物で、僕は深く信頼している。

また、僕が超高齢なためもあり、記憶違いや勘違いも多々あったと思うが、やはり『サンデー毎日』でいつも補佐してくれている向井徹《てつ》が、正確を期してチェックしてくれた。

本書の企画は集英社新書編集部部長の西潟龍彦《にしがたたつひこ》氏によるものである。そして、同編集部の野呂望子《のぞみ》氏が細やかで手厚い編集をしてくれた。
お世話になったすべての方に、本当に、本当に、感謝している。ありがとうございました。

二〇二四年三月

田原総一朗

田原総一朗（たはら そういちろう）

ジャーナリスト。一九三四年四月一五日、滋賀県生まれ。早稲田大学卒業後、岩波映画製作所に入社。東京12チャンネル（現テレビ東京）を経て、一九七七年フリーに。テレビ、新聞、雑誌などで活躍。代表的な出演番組に『朝まで生テレビ！』『サンデープロジェクト』『激論！クロスファイア』ほか。一九九八年、すぐれた戦後の放送ジャーナリストを選ぶ城戸又一賞を受賞。『電通』『戦後日本政治の総括』『堂々と老いる』など著書多数。

集英社新書一二一〇A

全《ぜん》身《しん》ジャーナリスト

二〇二四年四月二二日 第一刷発行

著者……田《た》原《はら》総《そう》一《いち》朗《ろう》

発行者……樋口尚也

発行所……株式会社集英社

東京都千代田区一ッ橋二-五-一〇 郵便番号一〇一-八〇五〇

電話 〇三-三二三〇-六三九一（編集部）
〇三-三二三〇-六〇八〇（読者係）
〇三-三二三〇-六三九三（販売部）書店専用

装幀……原 研哉

印刷所……TOPPAN株式会社

製本所……加藤製本株式会社

定価はカバーに表示してあります。

ISBN 978-4-08-721310-2 C0230

Printed in Japan

a pilot of wisdom

a pilot of wisdom

「通貨」の正体 浜 矩子
隠された奴隷制 植村邦彦
未来への大分岐 マルクス・ガブリエル／マイケル・ハート／ポール・メイソン／斎藤幸平・編
「国連式」世界で戦う仕事術 滝澤三郎
国家と記録 政府はなぜ公文書を隠すのか？ 瀬畑 源
水道、再び公営化！ 欧州・水の闘いから日本が学ぶこと 岸本聡子
改訂版 著作権とは何か 文化と創造のゆくえ 福井健策
朝鮮半島と日本の未来 姜 尚中
人新世の「資本論」 斎藤幸平
国対委員長 辻元清美
アフリカ 人類の未来を握る大陸 別府正一郎
〈全条項分析〉日米地位協定の真実 松竹伸幸
日本再生のための「プランB」 兪 炳匡
新世界秩序と日本の未来 内田 樹／姜 尚中
世界大麻経済戦争 矢部 武
中国共産党帝国とウイグル 橋爪大三郎／中田 考
安倍晋三と菅直人 尾中香尚里
ジャーナリズムの役割は空気を壊すこと 森 達也／望月衣塑子
代表制民主主義はなぜ失敗したのか 藤井達夫
会社ではネガティブな人を活かしなさい 友原章典
自衛隊海外派遣 隠された「戦地」の現実 布施祐仁
北朝鮮 拉致問題 極秘文書から見える真実 有田芳生
アフガニスタンの教訓 挑戦される国際秩序 山本忠通／内藤正典
原発再稼働 葬られた過酷事故の教訓 日野行介
北朝鮮とイラン 福原裕二／吉村慎太郎
歴史から学ぶ 相続の考え方 神山敏夫
非戦の安全保障論 柳澤協二／伊勢﨑賢治／加藤 朗／林 吉永
西山太吉 最後の告白 西山太吉／佐高 信
日本酒外交 酒サムライ外交官、世界を行く 門司健次郎
日本の電機産業はなぜ凋落したのか 桂 幹
ウクライナ侵攻とグローバル・サウス 別府正一郎
日本が滅びる前に 明石モデルがひらく国家の未来 泉 房穂
イスラエル軍元兵士が語る非戦論 ダニー・ネフセタイ
戦争はどうすれば終わるか？ 柳澤協二／伊勢﨑賢治／加藤 朗／林 吉永

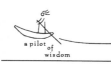